"十三五"江苏省高等学校重点教材

编号：2020-2-071

中国武术短兵教程

李　龙　主编

人民体育出版社

图书在版编目（CIP）数据

中国武术短兵教程 / 李龙主编. --北京: 人民体育出版社，2021（2024.2重印）
ISBN 978-7-5009-6061-4

Ⅰ. ①中… Ⅱ. ①李… Ⅲ. ①短器械术（武术）-中国-高等学校-教材 Ⅳ. ①G852.2

中国版本图书馆 CIP 数据核字（2021）第140039号

*

人民体育出版社出版发行
三河兴达印务有限公司印刷
新 华 书 店 经 销

*

787 × 960 16 开本 14.75 印张 245 千字
2021 年 9 月第 1 版 2024 年 2 月第 2 次印刷
印数：2,501—4,500 册

*

ISBN 978-7-5009-6061-4
定价：58.00 元

社址：北京市东城区体育馆路 8 号（天坛公园东门）
电话：67151482（发行部） 邮编：100061
传真：67151483 邮购：67118491
网址：www.psphpress.com
（购买本社图书，如遇有缺损页可与邮购部联系）

序　言

在新时代语境中重读短兵

读了李龙教授的《中国武术短兵教程》书稿后，武术“短兵”的印记浮现在眼前。我就读上海体院本科武术系期间就有了教材《体育学院本科讲义——武术》一书，厚厚的上、中、下三大本，在“内容分类”一节中“短兵”一项已列入其中，并有了图示。当时我们的学业紧，且“击剑”运动被列为副专项，“短兵”的教学也就淡化了。任教后，我将早年设备科藏存的数十根“短兵”实战器械搬出来，在院武术队的队员中做了实战尝试，但终究未能成型。而“短兵”早已列为武术教材内容是事实，足见教育、体育管理部门对武术短兵运动的重视。

当前武术格斗项目多聚焦于散打、推手，而短兵项目目前的实施尚少，拓展器械对抗的短兵项目显然是势在必行的。“短兵”是武术器械类格斗项目之一，它是以刀剑为代表的武术短器械的总称。从技术而言，它来源于刀剑，升华了武术中以刀、剑为代表的短器械技术，而自成一套中国武术中两两相当、角力角技艺的短器械格斗项目。现代“短兵”运动逐步趋于成型的时间并不长，尚待完善，但是其历史渊源可以追溯至古代以尚武精神和爱国主义为轴心思想的刀剑文化。正如《中国武术短兵教程》中所列举的各时代短兵在民间武艺、军旅武艺中所展示的状况，值得一读，并能从中获取经验。如民国时期中央国术馆就有短兵竞技，并且作为国术考试项目。中华人民共和国成立后，1953年举办的“全国民族形式体育表演及竞赛大会”中，短兵就是大会的主要比赛项目之一。当时大会采用单循环制，每场比赛三局两胜，每局三剑。后来由于诸多原因，虽然断断续续有所开展，诸如举办培训班、表演赛等，但是短兵运动发展一直处于不温不火的状态。

《“健康中国2030”规划纲要》指出：“大力发展群众喜闻乐见的运动项目……扶持推广太极拳、健身气功等民族民俗民间传统运动项目。”《关于实施中华优秀传统文化传承发展工程的意见》强调：“实施中华优秀传统文化传承发展工程，是建设社会主义文化强国的重大战略任务……”这些国家发展战略和政策为中华武术发展提供了巨大的空间和平台。

在教育领域，提倡中华武术走进校园、走进课堂，扎根于青少年，既增强青少年体质，培养青少年的意志品质，又培育和弘扬青少年的中华民族精神，传承中华民族文化，对青少年的健康发展具有重要的战略意义。正所谓“青年兴则国家兴，青年强则国家强”。

在全民健身领域，由于中华武术的运动形式既有套路运动形式又有搏击运动形式，因此，套路演练，可选主刚的拳术，也可选主柔的拳术，不同人群可以根据自身需要进行选择。同样的道理，选择搏击形式者，可选徒手的散手、推手，也可选用器械格斗的短兵。

新时代，新机遇。武术“短兵”运动项目的兴建与完善，不仅是对传统武术的继承与发展的一种担当，更是促成青少年的尚武精神、坚强意志、顽强果敢、勇于担当、强壮体魄的有效手段之一。在当前武术发展的大环境中，重视武术短兵发展，增补武术格斗项目中器械类格斗项目，让这一中华民族瑰宝大放光彩，正是极好的机遇。

李龙博士毕业于上海体育学院，继而在苏州大学哲学博士后流动站从事研究工作。他一直身处武术教学、训练、科研和管理一线，致力于武术的传承和推广。他将《中国武术短兵教程》一书呈现在我面前时，我由衷地高兴，似有“在新时代语境中重读短兵”之感。这一著作的出版，无疑对推动短兵运动发展具有非常重要的现实意义。凡关注短兵运动发展的同仁，也势必能在其中寻到所需。

是为序。

2019.11.17

目　录

第一章　短兵运动概述

第一节　短兵运动简史

中国武术短兵运动是外以刀、剑等武术短器械的技术动作为主，内以武术短器械的技理技法为主要理论基础，注重武术攻防兼备及攻防整体性的中华民族传统体育项目。武术短器械滥觞于古代军事冷兵器武艺。在古代军事战场上，冷兵器依据其用途的不同，分为长兵器、短兵器和抛射兵器三类。除此之外，还有防卫武器和攻城器材之分。短兵器是以近战搏杀为主，它与长兵器在战场上通常是交互配合使用的。两者搭配的作用也正如《司马法》中所记载的那样——“长以卫短，短以救长”。

那么，究竟什么是短兵器，又该如何区分长、短兵器呢？在查阅大量的历史文献后发现，关于长兵器和短兵器的界定问题，在古代并没有明确的尺寸标准。在《周礼·考工记》中，只提及长兵器最长不超过人身长的三倍。然而，短兵究竟以多长为标准，并没有确切的数据记载。由于历代兵器种类繁多，其形制、性能各不相同，为了便于区分长兵器与短兵器，本书以身长作为长短兵器的界定值，将凡是兵器的尺寸不及身体长度的，实战中通常情况下以单手持握进行战斗的兵器称为短兵器；把等于身长或超过身长，在战斗时通常用于两手操持的兵器称为长兵器。

纵观中国短型冷兵器发展历程，尽管其形式多样、种类繁多，但不难发现，这些兵器均是中华民族为适应狩猎、抵御外族侵略的需要，以刀、剑形制为蓝本，凝聚集体智慧，在实践中发展创新而来的。在冷兵器时代，刀、剑作为一种攻防器械，能够御敌杀贼，保家卫国，同时也凝聚着一个部落、一个民族最坚韧的精神，代表着一个民族、一个国家的综合实力，体现着一个国家的最高科技水平。中华民族在长达五千年的历史长河中经受无数次战争的洗礼，最终屹立于世界民族之林，以刀剑为代表的冷兵器占据着举足轻重的军事地位。可以说，刀剑文化是中华文明史上不可或缺的重要组成部分。

一、远古时期的短兵器

远古时期，短兵器的萌芽、成长与原始人类和自然界作生存斗争有着密切关系。据《韩非子·五蠹》记载，在远古时期“人民少而禽兽众”，且生产力低下，可供人类使用的工具极为简陋，游走于丛林之中以豺狼虎豹为代表的猛兽是原始人类生存发展的主要威胁。因此，人类也只有依靠集体的力量和智慧，才能抵御自然灾害和野兽的侵袭。为了满足最基本的生存繁衍需要，人类随着季节的变化流动于不同的地域之间，从事采摘、狩猎等解决温饱问题的生产活动。面对高处的野果，由于徒手难以采摘，故攀爬取之。随着生产实践经验的不断积累和总结，人们发现使用石器、棍棒等工具可以作为身体的延伸，尤其是在遭遇凶猛野兽的袭击时，持石器、棍棒等工具进行打击，能够给野兽造成重创，进而为人类带来一定的生存保障。可以说，短兵器源于人类原始的生产活动。

中国人类遗址的大量考古资料证明，人类最先使用的工具是粗糙的石器和木棒。据《太白阴经》记载，“木兵始于伏羲，至神农之世，削石为兵”。从“北京人”使用的木器和石质的刮削器、砍砸器、尖状器的原始性来看，属于旧石器初期。从这些石器的形状和用途分析推测，它们可能是后来刀、剑等短兵器械的“始祖”。

“不富以其邻，利用侵伐，无不利”（《易经·谦卦·六五》）。到了氏族公社时期，部落之间经常发生战争。当一个部落的财富被另一个部落觊觎时，武力豪夺的手段由此产生。也就在这一时期，原始社会的各个氏族之间战争开始爆发。如黄帝与蚩尤“战于鹿野之阿”（《逸周书·尝麦解》），“黄帝与炎帝战于阪泉之野”（《史记·五帝本纪》）。武器随着战争的需要不断创新发展，搏杀技法不断实践。于是，人们将战斗中相对实用的搏杀技法进行归纳，并将这一击一刺、一进一退进行反复的模仿、传授、习练，早期的短兵器活动就此产生。

二、商周时期的短兵器

商周时期战事频繁，从武器技术发展走向的视角来看，大规模的军事战争促使武器由简单到复杂，由单一化向多元化发展。与此同时，它也促进了短兵器攻防格斗技术方法的提高与发展。

在商周时期，内陆平原地区的战争工具多以战车为主，而沿海地区则以水战居多，其战斗工具多以战船为主。不管是在陆地上交锋，还是在水域上对弈，对峙形式不外乎先远后近，由长兵器到短兵器的杀戮。也就是说，在战斗中所使用的搏杀方法难以脱离短兵器械格斗的技术范畴。冶铜技术在这一时期的出现，使得武器的材质也得到了提升，铜质的矛、戈、斧、钺、戟等武器装备随之涌现，搏杀技法不断锤炼革新，如斧的劈砸，枪、剑的扎刺等，都是饱经战争洗礼，在实战经验的基础上积累和发展起来的。由于作战的需要，以搏杀技法为基本元素的武舞成为士兵训练的内容。例如，武王伐纣前夕，以武舞鼓舞士气，名曰"武宿夜"（《礼记》）。这种武舞随着时间的推移逐渐与练武分化开来，用以表现武者的精神、气势和神韵。此外，在商周时期，社会分工逐步明晰，开始有了专门的教育，练习武术在教育中占据重要位置，徒手搏斗以及包括短兵器在内的持器械的格斗开始逐渐成为人们有目的、有意识、有组织的社会文化活动。

三、春秋战国时期的短兵器

随着生产力的不断发展，铁器在这一时期开始登上历史舞台，军事作战方式及武器也随之发生变化。以往的战车在战场上所能发挥的优势不再突出，步战、骑战等战法逐步引领战场并成为主流。长兵器明显改短，并且重量减轻。从攻防层面来看，由于武器过长过重，只能发挥勾割、直刺的技术作用，而改短减轻之后的兵器就可以发挥劈、拦、扫等技术优势。尤其是铁的使用，从冶炼锻造工艺上解决了短兵器的质量问题。如剑能够更好地发挥两刃的作用，从而助推了挂、撩、砍、劈等剑术技法发展。总而言之，武器的改进，长兵器缩短，短兵器延长，以及弩等远距离攻击器械的使用，丰富了冷兵器的内容和技术方法。

春秋时期，孔子的学生子路就非常喜欢剑术。如《家语》记载："子路戎服见孔子，拔剑而舞之，曰：古之君子以剑自卫乎？"这一时期，不仅儒、墨、道、法等各家思想学说百花齐放、百家争鸣，兵家武学上也频繁交流，在每年的春、秋两个季度，天下武艺高强的人都会云集在一起进行切磋较量。《管子·七法》就描述了这样的场景："春秋角试……收天下之英豪，有天下之骏雄。"角试时，"举之如飞鸟，动之如雷电，发之如风雨，莫当其前，莫害其后，独出独入，莫敢禁圉"。孙子指出，"搏刺强士体"，直接地说明短兵击刺，除了较量武技以外，还可以强健将士的体魄。

据《吴越春秋》记载，干将莫邪“采五山之铁精，六合之金英”，以铸铁剑。可见春秋时期的铸剑师用他们的智慧和行动，不断地探索创新，助推了铸剑工艺水平不断提高，淬火锋利，式样别致，同时也为后世留下了一段段悲凉的传说。此时期的剑术多以斗剑（亦称斩剑）形式出现。斗剑在当时是以对抗形式出现的盛行项目。当时，残暴的统治者以观赏斗剑作为乐趣。因此，他们培养了一批以击剑为职业的斗剑士来作为斗剑的牺牲品，以生死判定胜负。斗剑士平时被关在斗剑场所，以训练他们持兵搏杀的能力。不可否认，这是剑术史上最为凶残狭隘的一面。与此截然不同的是，在民间，剑术却得到了健康的发展，涌现出了不少技艺高超的武术家，譬如越女。越女精通剑术，并且在剑术技法上有精辟的论述，“其道甚微而易，其意甚幽而深。道有门户，亦有阴阳，开门闭户，阴衰阳兴。凡手战之道，内实精神，外示安仪。见之似好妇，夺之似惧虎。布形候气，与神俱往。杳之若日，偏如腾兔。追形逐日，光若佛彷。呼吸往来，不及法禁。纵横顺逆，直复不闻”（《吴越春秋·卷九·勾践阴谋外传》）。斗剑能手要离提出“我临敌先示之以不能，以骄其志；我再示之以可乘之利，以贪其心；待其急切出击而空其守，我则乘虚而突然进击”的战术观点。《庄子·说剑篇》曰：“夫为剑者，示之以虚，开之以利，后之以发，先之以至。”直到今天，这些论述观点依旧被视作中国武术格斗的经典理论。

总的来说，短兵器在这一时期的发展，以《易经》之理、《老子》的思想及《孙子兵法》之战理论剑，从理论到技术、战术及心理等方面论述击剑要领，精辟地阐明了剑艺中动与静、快与慢、攻与防、虚与实、强与弱、先与后、内与外、逆与顺、呼与吸、形与神等之间的辩证关系，论述了内动外静、后发先至、全神贯注、迅速多变、出其不意等搏击的战术原则。可见，剑术在这一时期已经发展到了较高的水平。处于封建社会早期的春秋战国时代，整个社会的政治、经济、文化方面都有许多新的发展，在练兵习武的活动中，不管是形式还是规模上都大幅超过了商周时期，并且对后世影响深远，进而促进了以剑术为代表的短兵器，不论是在技术上还是在理论上均得到了较快的发展。

四、秦汉三国时期的短兵器

秦汉三国时期正处于中国封建社会的上升期，国家的统一，多民族封建王朝的建立，军事、政治、经济、文化的发展，使人们在较长的时间内处于一个相对安定的生活状态。在这样的社会土壤中，以刀剑为代表的短兵器功能，由原来单纯的军事搏杀逐步向竞技和艺术表演方向发展。角抵、手搏、击剑等竞技形式相继诞生，孕育了以“舞”为形态的剑舞、刀舞、钺舞等为代表的演练形式。

在历史学研究领域，王国维先生曾提出“二重证据法”，就是把发掘的出土文物和史书的记载相互验证。基于此，除史料记载之外，大量铜兵器的出土，同样印证了秦时期铸剑技术之发达。值得一提的是，1974年秦始皇陵兵马俑坑出土的铜兵器，即使沉睡于地下两千多年之久，仍然保持不锈不蚀，锋利如新，令世人惊叹。经现代科技查验后发现，它们竟然经过了铬化处理，使兵器表面生成了10微米的氧化层。需要注意的是，铬化工艺在国外分别是1937年和1950年在德国和美国才正式列为专利，而我国的工匠们却在两千多年前就创造并使用了如此高超的工艺。可见，中华古代兵器锻造技艺之精湛。

在汉代，“剑术”也很盛行。《汉书·地理志》记载：“吴、粤之君皆好勇，故其民至今好用剑。”《汉书·隽不疑传》记载：“胜之素闻不疑贤，至勃海，遣吏请与相见。不疑冠进贤冠，带櫑具剑，佩环玦，褒衣博带，盛服至门上谒。门下欲使解剑，不疑曰：‘剑者，君子武备，所以卫身，不可解。请退。’”《晋书·舆服志》记载：“汉制，自天子至百官无不佩剑。其后，惟朝带剑。”可见此时的剑，已经在自卫防身的基础上，升华为顶层设计者的礼仪制度。此时期，不少名人在青少年阶段也独爱剑术。如《汉书·司马相如传》记载：“司马相如，字长卿，少时好读书，学击剑。”《三国志：卷二·魏书》中记载了曹丕学剑的经过和以蔗仗代剑的趣事：“又学击剑，阅师多矣。四方之法各异， 唯京师为善。桓灵之间，有虎贲王越，善斯术，称于京师。河南史阿，言昔与越游具得其法。余从阿学之，精熟。尝与平虏将军刘勋、奋威将军邓展等共饮。宿闻展善有手臂，晓五兵；又称其能空手入白刃。余与论剑良久，谓言将军法非也，余顾尝好之，又得善术。固求与余对。时酒酣耳热，方食芋蔗，便以为杖，下殿数交， 三中其臂。左右大笑。展意不平，求更为之。余言吾法急属，难相中面，故齐臂耳。展言愿复一交。余知其欲突以取交中也，因伪深进，展果寻前，余却脚鄛，正截其颡。”

汉代也曾出现一种专门用于劈砍的长刀。它拥有厚实的刀脊和锋利的刃口，刀柄首端为扁圆的环形，故得名环柄刀或环首刀。这一时期的刀要比先秦时期的刀身更长，一般通长一米左右，分战斗和专供官吏佩带两种。由于军事需要，到了东汉末期，这种锻造技术已很普遍，刀的数量也较往昔增多。曹植在《宝刀赋》中盛赞那一时期的宝刀，“陆斩犀革，水断龙舟”。《后汉书·舆服志》记载：“佩刀、乘舆黄金通身雕错，半鲛鱼鳞，金漆错，雌黄室，五色罽隐室华。诸侯王黄金错，环挟半纹，黑室。公卿百官皆纯黑，不半鲛。小黄门雌黄室。中黄门朱室。童子皆虎爪文，虎贲黄室虎文，其将白虎文，皆以白珠鲛为镳口之饰。乘舆者，加弱翠山，纡婴其侧。”可见，佩刀之讲究，镶饰之美观。此时，战斗用的刀，已普遍使用钢铁制造，且质地精良。东汉永初已经出现“百炼钢”的锻造工艺，就是反复加热锻打，主要用于制造高质量的兵器。用这种锻造工艺制出的刀，非常锋利。古代兵器研究先驱周纬先生在其所著的《中国兵器史稿》中写道，“重刀之习，起于汉代……然则汉剑亦有其相当声价，未容忽视焉。列朝载籍之称述汉剑者并不亚于汉刀之记载。”

到了三国时期，军队开始大量武备环柄刀。战场作战时，通常一手持刀，一手持盾，而且刀的锻造也更加精良。例如，诸葛亮让蒲元铸造的刀“称绝当世，故曰神刀”。这些神刀造于斜谷，共三千口。其形状据《蒲元传》记载，今之屈耳环者是其遗范也，可见仍是一种环柄刀。在这一时期，因铸剑而颇负盛名的吴楚之地，也开始盛产环柄刀。

曹操在《百辟刀令》中记载：“往岁，作百辟刀五枚，适成，先以一与五官将，其余四，吾诸子中有不好武而好文学者，将以次与之。”曹操把最好的刀赐予曹丕，以鼓励他不仅要学文，也要学武。由此窥见，当时的统治者赋予“刀”特殊的内涵，并且以“刀”为载体，折射出了“文武并重”的教育理念。

以刀剑为代表的短兵器发展至此，已经形成了两大类别：一类是适用于军事战场搏杀，突出实战技术；另一类则是经过艺术化加工的用于表演观赏的动作，类似于当下的武术套路表演。在时代大潮的引领和推动作用下，两大类别均拥有各自的生命力和发展空间。

五、两晋南北朝时期的短兵器

历史的指针拨转到两晋南北朝时期，从这一时期，统治者开始实行“府兵制”，在选拔人才的标准中，对武技已经有了明确的要求。据《通典·卷一百四十八》记载：“选士之科……引彊彻札，戈挺剑戟，便於利用，挺身捕虏，搴旗斩将，堪陷陈者；趫捷若飞；逾城越堑，出入无形，堪窥觇者；往返三百里不及暮至者；破格舒钩，或负六百斤行五十步、四百斤行百步者。”既要求掌握拳术的捕虏擒拿技术，还要善射，具备使用长短兵器的本领；在速度和耐力方面，要能够“若飞”一样地疾跑，攀登跳跃，长途负重行军，要求极为全面、严格。另外，士兵们还有专门进行军事训练的练兵场。据《晋书·礼志》记载："成帝咸和中，诏内外诸军戏兵于南郊之场，故其地因名斗场。"除士兵练武之外，来自劳动人民的"部曲"，平日里从事农业生产，战备时则替主人作战，他们是"秋冬习战阵，春夏修田桑"。晋时练武已经有口诀要求，葛洪在《抱朴子·外篇》曰："少尝学射""又曾受刀盾及单刀双戟，皆有口诀要术，以待取人，乃有秘法，其巧入神。"府兵制的选士标准为唐代武举制的实行奠定了一定的基础。

在当时的社会背景下，受儒、释、道三家思想的影响，玄学盛行，官僚贵族开始对生活及生命的质量有所追求，寻求延年益寿的方法，养生术开始发展。佩剑"自晋以来，始以木剑代刃剑"（《宋书·礼志》），虽然习武斗剑之风大不如前，但徒手相搏的摔跤技法逐步流行开来。"以木剑代刃剑"的这一做法，不仅在某种程度上减少或避免了在实战中致死、致伤残等悲剧发生的可能性，同时也能达到提高刀剑技法的目的。

六、唐朝时期的短兵器

从唐代开始，科举制度增设"武举制"，打破了传统单一的"以文入仕"的枷锁，在人才选拔上形成了"双翼齐飞、文武相辅"的局面，打开了崇文尚武的"阀门"，极大地助推了武术在社会各阶层的传播与发展。

唐代时期的刀术是作为白刃战的重要武器。《唐六典》武库条令中，有刀制而无剑制，刀分为仪刀、障刀、横刀和陌刀四种。仪刀为木制，是仪仗队的装饰品。步兵主要使用横刀和陌刀。李白的《从军行》曰："笛奏梅花曲，刀开明月环。"由此可见，唐代刀术不仅用于战场，也会在乐器的旋律之中进行艺术化的情感表达。

除战场搏杀的刀术之外，剑术也得到了长足发展，该时期的剑术逐渐脱离了军事战场而转向民间，文与武水乳交融，并且成为唐代文化软实力的主流。据《新唐书》记载，"文宗时，诏以白歌诗、裴旻剑舞、张旭草书为'三绝'。"唐代三绝作为唐代文化事业发展的最高峰，三者看似与剑术毫无关联，实则联系密切。

短兵与唐代文人及文化作品的交融，最为著名的便是诗仙李白，他不但自身擅长剑术，而且其诗中也多出现剑的内容。如《新唐书》记载，李白"然喜纵横术，击剑，为任侠，轻财重施"。在李白的忘年之交魏颢所写《李翰林集序》中，“少任侠，手刃数人”的记叙对李白的侠肝义胆，以及高超的兵器技法提供了凭证。据晚唐裴敬作品《翰林学士李公墓碑》中记载，李白“常心许剑舞……尝投书曰：如白愿出将军门下”。李白诗中剑的内容更是不胜枚举，如他的“愿将腰下剑，直为斩楼兰”“停杯投箸不能食，拔剑四顾心茫然”等诗句。从这些零星的碎片化史料中，清晰地折射出李白对剑技“更上一层楼”念念不忘的追求。无论是剑激发了李白的侠义性格，还是李白的侠义精神通过剑进行了表达，李白自身的性格、剑文化及其文学储备三者在某个特定的时期借助酒这一催化剂进行了充分的发酵，酿造出了一坛坛甘醇的诗剑美酒，供后人斟酌。

短兵在军事战场上的使用。《新唐书》载：“旻尝与幽州都督孙佺北伐，为奚所围，旻舞刀立马上，矢四集，皆迎刀而断，奚大惊引去”，讲述的是裴旻与孙佺北伐，被奚人围困，四面楚歌，危难之时，毅然拔出武器，立于战马之上，将迎面疾速飞来的一支支箭引刃横断，奚人见其所向披靡的悍勇以及武器技法的绝妙，大惊而去。由此可见裴旻将军在疆场上英勇卓绝的胆识。从剑舞的艺术表现上来看，如杰出书法家颜真卿作品《裴将军诗帖》（亦名《送裴将军北伐诗卷》）中，“剑舞跃游电，随风萦且回”“一射百马倒，再射万夫开”；又如著名诗人王维的《赠裴旻将军》中“腰间宝剑七星文，臂上雕弓百战勋。见说云中擒黠虏，始知天上有将军”。这些诗句都对裴旻将军的武技和谋略进行了极高的赞许。裴将军出神入化的“武与艺”的融合是在对兵器技击技术的充分熟悉与掌握的基础上进行的艺术表现，与观者形成了意象的共鸣，构成了撼人心魄的视觉效果，显示出裴将军超凡脱俗的剑舞才华及将士风范。

短兵对唐代书法艺术的影响。据《新唐书》记载：“旭，苏州吴人。嗜酒，每大醉，呼叫狂走，乃下笔，或以头濡墨而书，既醒自视，以为神，不可复得也，世呼‘张颠’。”这简明生动的语言刻画出这位草书堪称一绝的“草圣”在嗜酒大醉之时脱去帽子，用自己的青丝蘸着散发豪迈气息的雅墨，在幽香的宣纸之上，抑扬顿挫之间，将自己的喜怒哀乐借助纵横飞舞的文字符号进行狂放的诠释，间接地反映出张旭对书法钟情的颠狂。那么，张旭仅凭这种个人对书法“以头濡墨”的热爱与表达，就能够登上盛唐草书的巅峰？不妨从史料中寻求答案。《新唐书》中关于张旭的记载：“旭自言……观倡公孙舞剑器，得其神。”杜甫《观公孙大娘弟子舞剑器行·并序》中曰：“昔者吴人张旭，善草书书帖，数尝于邺县见公孙大娘舞西河剑器，自此草书长进，豪荡感激，即公孙可知矣。”张旭“数”次对公孙舞剑器的观赏觉悟之后的“草书长进”，再次将草书的升华与剑术紧密联系在一起。晚唐司空图《剑器》诗亦云“楼下公孙昔擅场，空教女子爱军装”。可见，公孙氏及其弟子剑舞所表达的神韵能够挑动观者张旭的心弦，并与之共鸣。虽然张旭的草书作品流传至今的寥寥无几，并且在学界存在波澜，但生活在同一时代的韩愈对张旭这一寓情感于草书之中的技法与表现形态进行了高度评价，“天地事物之变，可喜可愕，一寓于书。故旭之书，变动犹鬼神，不可端倪。”（《送高闲上人序》）书法创作者将自身的思维与神韵注入书法之中，导致其所书写的字体蕴藏着独特的气质。张旭的草书正是在前进的路途中不断地新陈代谢，以自身为基本，不断地摄取不同时代的文化精粹，超越自身的积累，紧跟时代发展“不断地重新选择和创造新的在场形态”，将公孙大娘舞剑的身法与技法加以吸收转换，植入草书技法之中，为狂草的燃烧提供了“可燃点”，经过漫长的思索以及反反复复的“探索”，最终张旭的狂草以“纸上行剑”的风格及其狂而不放的特点为大家所赞许，成为家喻户晓的“三绝”之一。

裴旻将军的剑舞是疆场杀敌技能的艺术性升华，李白的诗歌借助剑这一器物言志抒情，张旭的草书把剑意及其节奏之精髓掌控于笔墨之间，将无形的“精、气、神”有形地呈现于宣纸之上，这一草书的书写过程何尝不是对“笔墨”情感的一种洒脱。“唐代三绝”中的三种不同的文化形态所张扬出的是盛唐时代的独特个性，而这种独创性无外乎他们在自己的领域里比其他人更早更充分地继承与发扬，同样在于勇敢地挣脱“顽固保守”的思想枷锁的束缚，从而实现不同文化形态之间借鉴式的交融，进而表现出了盛唐时期中华民族的精神需要和憧憬的共性。

七、宋元时期的短兵器

两宋时期，尚武的社会风气促进了武术的发展。《梦粱录》记载：每年春秋二季，“禁中教场，呈试武艺，飞枪砍柳，走马舞刀，百艺俱呈”。据《宋史》记载，宋太祖赵匡胤就有一身好武艺。民间练武，有“社”的组织。《宋史·兵志》记载：“自澶渊讲和以来，百姓自相团结，为弓箭社，不论家业高下，户出一人。又自相推择家资、武艺众所服者为社头、社录事，谓之头目。带弓而锄，佩剑而樵，出入山坂，饮食长技与北敌同。”都城中，有许多靠献技、献艺为生的“诸色艺人”。没有专门演出场地的唤作“路岐人”。在这些人当中有专门表演武术的，其项目有角抵、使拳、使棒、掉刀、举重、打弹和射弩等。表演武术的女艺人唤“女飐”，她们通常表演对练项目。《梦粱录》记载：“瓦市相扑者，乃路岐人聚集一等伴侣，以图标手之资，先以女飐数对打套子，令人观睹，然后以膂力者争交。”

宋代的短兵，除“使棒”外，还衍生出多种形式的对练，如《东京梦华录》记载：“数内两人出阵对舞，如击刺之状，一人作奋击之势，一人作僵仆，出场凡五七对，或以枪对牌，剑对牌之类。”“烟中有七人，皆披发文身，着青纱短后之衣……内一人金花小帽、执白旗，馀皆头巾，执真刀，互相格斗击刺，作破面剖心之势，谓之‘七圣刀’。”“引百馀人……各执木棹刀一口，成行列，击锣者指呼，各拜舞起居毕，喝喊变阵子数次，成一字阵，两两出阵格斗，作夺刀击刺之态百端讫，一人弃刀在地，就地掷身背著地，有声，谓之‘板落’。”

元代，统治者为防止人民反抗，一方面，在军队里开展骑、射、摔跤等项目，以保持部队的精锐；另一方面，对民间的武术发展则进行百般摧残，民间“聚众围猎”“弄枪棒”“习武艺”，一概禁绝（《元典章》）。违此禁令者，则处以没其家财及“杖”“笞”“处死”等刑（《元史·刑法志》）。尽管如此严禁，但民间武术短兵械仍然在不断发展。

八、明清时期的短兵器

明清时期，短兵器的军事价值、健身性及艺术表演性被人们所认知。这一时期也是武术在历史上的集大成发展时期。不同风格、各种门类的拳术、器械都得到了空前的发展，可谓流派林立。在这个武术群体中，有众所周知的抗倭英雄戚继光、俞大猷，也有鲜为人知的军事家唐顺之、何良臣，武术家程冲斗等人。他们编写的《剑经》《阵纪》《纪效新书》《耕余剩技》等典籍，不同程度地记载了拳术、器械的流派、沿革、招式要点和攻防技巧。其中所附的歌诀和动作图解，为世人研习武术提供了重要的文献史料。如何良臣在《阵纪》中强调：“学艺，先学拳，次学棍，拳棍法明，则刀枪特易耳，所以拳棍为诸艺之本源也。”抗倭名将戚继光在《纪效新书》中亦强调拳法“此为初学入艺之门也”“拳为武艺之源”。

短兵器在此时期也得到了不同程度的发展。刀术分化为单刀和双刀，其他短器械还有锤、锏等，并且多以套路的形式出现。如程冲斗在《耕余剩技》中所述：“以前刀法，着着皆是临敌实用，苟不以成路刀势。习演精熟，则持刀运用，进退跳跃，环转之法不尽。虽云着着实用，犹恐临敌掣肘。故总列成路刀法一图。而前图诸势，备载在中，又续刀势十二图于后，以便习演者观览。第习演之刀，当用重长者，使临敌用带弩之刀，则骁快锋利矣。然全路势多，倘力微者，持重刀难，以跳舞终局，当听用者力之长短，分为两节三节习演，毋拘定格可也。”

总之，明代时期的武术兵器种类有“十八般武艺”之说，如“一弓、二弩、三枪、四刀、五剑、六矛、七盾、八斧、九钺、十戟、十一鞭、十二锏、十三挝、十四殳、十五叉、十六杷（耙）头、十七绵绳套索、十八白打”（《五杂俎》）。需要说明的是，这里面既包括徒手拳术，又包括长兵器、短兵器、软兵器等多种器械。

清代是少数民族满族统治中原的时期。满族“以弧矢定天下”，自然对军事武艺教育非常重视。军中八旗兵以骑射为主，兼习长枪、牌等武艺。同时通过 “以骑射为本，右武左文”为指导思想的武举选拔文武兼备的人才。备考武科的武生学习内容包括马箭、步箭、技勇（弓、刀、石）等，以及《武经七书》《百将传》《孝经》《四书》。武举考试分为童试、乡试、会试、殿试四个主要阶段，武举考试中第分别赐予不同的“功名”：童生参加院试被取中的为“武生”或“武秀才”；武生参加乡试被取中的为“武举人”；武举人入京参加会试被取中的为“贡士”，亦称“中式进士”；武进士亦须经复试才能参加殿试……殿试第一试马步箭，第二试弓刀石，第三带领引见，恭候钦定甲第……第一甲赐武进士及第，第一名为武状元，第二名为武榜眼，第三名为武探花。第二甲赐武进士出身，第三甲赐同武进士出身。清代为了保持八旗子弟尚武风俗和武艺本领，曾规定凡旗人参加文进士考试，也要考试骑射，寻（循）定制，乡会场先试马步箭，骑射合格，乃应制举，庶文事不妨武备，遂为水制。这些措施对推动武术短兵的发展都具有重要作用。

九、近代时期的短兵运动

近代，国内陷入了军阀混战的硝烟当中，加之日本“狼子野心”，企图灭亡中国，政局动荡，社会极不稳定、安宁。在近代中国这种“外患内乱”的特殊背景下，社会上形成了“耻文弱，多想慕于武侠”的风尚。梁启超在《论尚武》中说：“尚武者国民之元气，国家所恃以成立，而文明所赖以维持者也。”“要其能驰骋中原，屹立地球者，无不恃此尚武之精神。抟抟大地，莽莽万国，胜衰之数，胥视此矣。”张之江说：“总理说：‘政治修明，武力强盛，总可和别人竞争。’这话尤其使我们知道积弱的中国，提倡武化之不容或缓。”这种尚武风尚客观上为武术教育发展形成了文化土壤，滋润着近代武术的发展，加速了武术进入学校的进程。

1902年张百熙拟定的《钦定学堂章程》，1903年张之洞、张百熙等合定的《奏定学堂章程》以及1905年清政府的“停科举以广学校”的政令颁布，均为近代学校的建立奠定了基础。辛亥革命后民国建立，政体变更，彻底改变清末学制势在必行。南京临时政府教育部成立之初，即把制订民国新学制作为重点，终于在1913年形成了一个全面完整的学制系统，即壬子癸丑学制，又称1912—1913学制。在这些学制下兴办的学校中，虽然开有体操科，但是体操科中往往是以西式体操和兵式体操为主。针对当时的中国社会情况，社会名流和政府要人纷纷提倡武术教育，主张通过中国武术培育国民的尚武精神，以武术取代学校体育课中的西式体操。1911年北洋法政学堂“注重体育，议添技击一门，以振作精神”。1914年徐一冰在《整顿全国学校体育上教育部文》中，建议将武术列为高等小学、中学、师范学校的正课。1915年4月，北京教育会受北京体育研究社之托，在“全国教育联合会”第一次会议上提出《拟请提倡中国旧有武术列为学校必修课》的议案。其中有三项建议对今天的武术教育仍有借鉴的价值。“（一）拟请学校体操课内兼授中国旧有武术，列为必修课以振起尚武精神。提倡把‘小学体操科目改列为游戏、普通体操、武术；中学改列为普通体操、兵式体操、武术’。（二）拟请教授武术者编订讲义，说明原理，用科学的目光唤起学生之注意。（三）拟请于师范学校内将中国旧有武术列为主课，以裕师资。”这一提案在当时得到与会代表的赞同，并呈报教育部。教育部明令“各学校应添授中国旧有武技，此项教员于各师范学校养成之”。至此，源远流长的中国武术正式进入学校教育，成为学校体育课程中的一项重要内容。

1927年6月，国民党政府在南京建立“中央国术馆”，随后，国术馆如雨后春笋般在各省市、县相继建立，甚至连区、乡也建立了分馆，许多著名的武术家应邀受聘到国术馆任教，培养了许多武术专门人才。1928年，第一次“国术国考”时，短兵正式出台。1931年，中央国术馆颁布了《国术比赛规则》，其中的第四章是《短兵比赛细则》，这是历史上第一个正式的短兵比赛规则。中央国术馆于1933年在南京举办第二届国术国考，进行了拳术、长兵、短兵、摔跤等比赛，短兵作为一个科目或项目位列比赛内容之中，为当代短兵的竞赛发展奠定了基础。此后，其传播范围迅速扩大。地处西北的甘、青两省，特别是甘肃省会兰州，以马凤图先生为首的马氏家族一直积极推广短兵运动。国民党政府时期的各级学校体育课中也都规定有武术（当时称“国术”）内容。

自短兵于1928年试制后，中央国术馆实施了先在馆内开课、施教，并将其列为各期必修课程之一。在此期间，张之江招贤纳士，邀集诸多国内名家、大家，共同研究国考项目。从套路评判、摔跤、长兵、短兵、弓矢射法，以及发展力量性的石担、石锁、举大刀、踢毽子等，凡具有武术和民族体育性质的项目，均被列进研究与改进之中。

短兵就是这一时期由古代劈剑、打剑、斩剑等不定式的对抗、竞技、较艺而集中在统一制式、统一规范下进行并提升各类剑刀法精萃于一体的竞技武艺。起初，在相当长的一段时日里，以竹质藤条裹以牛筋、皮条而制的竹剑作为“兵杖”，其打法激烈，伤害严重，故又以裹棉皮质短兵，加以改进，总算确立了传承至今的短兵形制。1933年，国立国术体育专科学校成立，短兵被列入学校必修课程之一，并在各年级的学期终、学年终进行比赛，平时又辅以班级、年级、全校性友谊赛及对抗赛，男女同学间也时有较量，一时间蔚然成风。成绩卓著或连年获胜者，被冠以“剑客”“剑侠”之类的美称。国术体育专科学校虽在20世纪30年代初成立于南京，但在初创不久，就由于抗日战争的爆发而迁校于长沙、桂林、昆明、四川等地。尽管处于战乱年代，环境艰难，但师生们仍能坚持短兵教学不辍，其精神可嘉。

十、中华人民共和国成立后的短兵运动

1949年10月1日，中华人民共和国宣告成立，揭开了中华民族发展史上新的篇章。武术短兵作为中华民族优秀的传统文化受到了应有的重视，开始进入一个历史发展的新阶段。伴随着我国各项事业的蓬勃发展，武术短兵教育也得到了较大的完善和发展，取得了可喜的成果。

1951年，为声援抗美援朝，捐献飞机大炮，曾举办“天津市民族形式体育表演比赛大会”，短兵比赛就是其中的主要比赛项目之一。当时按体重分级，设轻量级和中量级两个级别进行比赛。马贤达先生获中量级冠军，王建奇先生获轻量级冠军。据马贤达先生回忆，在此次比赛中，最为精彩的是王建奇先生两次打倒曾在日本获剑道高段位的王伯川，突显出日本剑道不敌中国短兵，自此王建奇名震津门，人称王建奇先生为“王剑客”。1952年的

短兵比赛，改革为以体重分级，不计年龄，各门各派的各种打法均可参赛。于是，除河北师范学院体育系和原国体传播的打法外，社会传统武术、民间武术中颇具声望的门派大师级的人物也积极报名参赛，一试高低。例如鸭形拳大师李恩贵、通臂拳大师张哲的掌门弟子邓鸿藻、八极拳高手王国安等，均参加了短兵比赛。仅短兵一项，报名参赛者就达数十人之多。当时的护具无护面，仅有简单的护胸与护裆，规则也较简单，除咽喉和裆部为禁击部位外，身体其他各部位均为有效得分部位。著名的武术家马贤达先生在《中国短兵》一书中这样记述："在激烈的比赛中，体察到在中国丰富的剑刀法中，走大与走小的问题，大劈大砍与闪惊巧取间的技术分野，表现得十分明显。"由于马先生出身于武术世家，自幼修习传统武术，既不拘泥于由传袭形成守小弃大的技术范畴，也不以凶猛狠抽的横冲直撞作为主锋，加之辅以所获家学传授并融入其琢磨出的一套训练手段中，故在竞赛中连连闯关，最终凭借精湛的技艺获得冠军。

1953年春，为迎接首届"全国民族形式体育表演、比赛大会"的召开，全国六大行政暨铁路（火车头）、解放军（八一）等各大系统组织举办自下而上的大区比赛，在六大行政区域中，有四大行政区举行了短兵的选拔和比赛。其中华北区［河北、山西、内蒙古（当时称绥远省）、北京、天津］的比赛最为激烈和精彩。华北区比赛在呼和浩特市（当时称"归绥"市）举行。比赛采用五局制（回合），每局五剑，运动员身着棉制运动衣，无任何护具，竞赛虽很激烈，但无任何事故发生，颇受群众欢迎。1953年秋，"全国民族形式体育表演比赛大会"在天津召开，全国各大区、系统的代表团云集天津。短兵成为大会的主要比赛项目之一。全国六大行政区中，有五大行政区报名参赛，其中除华东区临时弃权外，有西北区、中南区、东北区、华北区派员参加，除华北区两名运动员外，其他三区各有一名运动员参赛。大会采用三局两胜制，每局三剑。竞赛方式采用单循环制。运动员穿着由大会统一订制的深浅两种颜色的民族服装，规则允许打头。为安全起见，戴击剑面罩。

1954年，由于全国武术热的兴起，社会上遗留于武术领域的沉渣随之泛起，国家对武术领域进行治理。之后，于1956年和1957年以套路形式为主开始进行部分城市的评奖竞赛，而短兵竞技在此大潮中被搁置起来。短兵开始了长达二十多年的沉寂。

1979年，武术界的若干禁区被打开了，被禁锢了二十六七年的短兵、推手等技击性项目，在国家体委有关职能部门的积极推动下进行试点，准备推而广之。时值1979年的广西南宁大会、1980年的山西太原大会、1981年的沈阳大会，在三次大会上，以北京体育学院张文广先生为首，由朱瑞琪先生指导组成的短兵队队员马越、马雷、王玉龙、高美涧、杨玉峰等进行了表演宣传，博得了武术界的好评。在沈阳大会上武汉体院温敬铭先生为首的短兵队，由温力、温庄两兄弟进行表演，均有一定的反响。短兵运动颇有走出“冷宫”之势，可好景不长就再度迎来了“寒冬”。但短兵工作者仍在为中华短兵的传承和发展不懈地进行着努力。改革开放以后，从日本、俄罗斯、美国、加拿大等国家来西安求学短兵者，数以百计，接连不断。以日本安原茂为首的短兵学习班，从1992年学起，他们回国后在日本国内成立了以马贤达先生为指导的“短兵、长兵研究会”，先后举办了多次全日短兵比赛，并制作了他们自己的短兵。短兵当时在国内尚处于沉寂之时，国际上却已动起来了，这是短兵事业中令人十分欣慰的事情。

1995年以前，北京体育学院武术系教学计划将短兵列入传统武术介绍项目。1999年，北京体育大学民族传统体育专业教学计划将短兵列入传统武术课程内容。2003年，北京体育大学开设了短兵副项俱乐部和选修课程两类课程；2003年，将短兵编入《中华武术教程》。其实，武术教材中早就有“短兵”。上海体育学院王培锟教授曾说，他20世纪60年代初就读于上海体院本科武术系期间，就有了教材《体育学院本科讲义——武术》一书，厚厚的上、中、下三大本，在“内容分类”节的（四）中“短兵”一项已列其中。1978年，体育系通用教材《武术》[①]（第一册）第一章第四节“武术的内容和分类”（五、攻防技术）中也有“短兵”介绍。后来出现的各种武术教材中，均有短兵介绍。如1988年高等教育出版社出版的高等学校试用教材《武术》（武术教材编写组）第一章第二节“武术的内容和分类”第9页（三）中同样出现了“短兵”。1991年，人民体育出版社出版的体育学院专修通用教材《武术〈上册〉》（全国体育学院教材委员会审定）第一章第三节“武术的内容与分类”的“搏斗运动”中也介绍了“短兵”。

2004年7月20—22日，由国家体育总局武术运动管理中心主办的全国首届武术短兵教练员培训班在西安体育学院顺利举行。本次培训班对普及武术短兵项目，提高武术短兵教练员整体水平，具有重要的历史意义。

2004年11月，举办山东省首届武术短兵比赛。2009年4月8日，全国长短兵

①体育院、系教材编审委员会《武术》编写组. 武术［M］. 北京：人民体育出版社，1978：16.

交流赛在佛山举行（南海体育馆）。2009年7月，首届世界中华国术大赛短兵比赛在香港举行。由国家体育总局武术运动管理中心主办、佛山市南海体育局和南海体育总会承办。共8支参赛队伍，均由国家体育总局武术运动管理中心指定参加，分别是武汉体育学院武术学院、暨南大学华侨华人研究院、山东武术院、中国人民解放军军事体育进修学院、上海市星武敦煌门武术跆拳道健身馆、北京永盛搏击俱乐部、佛山市南海体育总会和佛山市龙道华艺馆。此次交流赛上，国家体育总局武术运动管理中心副主任王玉龙指出："现在完全是对运动员、教练员、裁判员和相关竞赛制度、规则的一种试验。比赛也只进行一天，明天将组织专家对今天比赛实践进行总结，制定相关竞赛制度、规则以及如何培养选手作出改进的方案。"2012年7月，武术短兵项目发展研讨会在武汉体院举行。2014年8月8日，第一届全国武术运动大会短兵比赛在天津工业大学体育馆开幕，运动员身着特制的比赛服，穿戴着头盔、护甲、护臂和专用鞋，分别手持红色和蓝色的仿剑短棍进行对抗搏击，单手、双手、正把、反把，地趟、腾空等技法在比赛中交替综合运用，凭借击中对手得分争取最后胜利。比赛采取三局两胜制，每局两分钟、局间休息一分钟，运动员可以使用各种技术动作进攻对方除后脑、颈部和裆部之外的身体所有部位得分，每次击中可得一分，互相击中不得分，一方两局胜即可提前结束比赛。此次全国武术运动大会短兵展示由2013年全国调研比赛前三名的武汉体育学院、北京体育大学、广州金甲搏击俱乐部和天津万通俱乐部等代表队参赛。武术运动管理中心训竞三部部长周金彪表示，短兵项目有自己的特点，简单易学，有利于青少年儿童参与学习、提升身体素质和防身，经过人们的进一步认识和规则、器材的改进，预计这一项目的潜力会非常大。

2018年8月11—12日，由国家体育总局武术运动管理中心、中国武术协会主办的第三届全国武术大会在天津工业大学体育馆举行。大会由竞赛项目和展示项目两大部分组成，其中竞赛项目包括武术套路类、武术搏击类，共计48个分项、126个小项；同时开展武术科学大会、各地方武术文化展、武术产品展等丰富的活动。

第二节　短兵运动特点

短兵运动是中华民族传统体育的重要组成部分，汲取了精妙的刀、剑技法，是一项较技、较智、较勇的持器械格斗类武术项目。其项目特点如下。

一、鲜明的技击性

短兵是中国武术的重要组成部分，是以刀、剑为代表的短器械套路的实战形态。它充分汲取了中国古典刀法、剑法等短兵刃技法的精髓，着重凸显其技击实用性，是短兵的本质所在。

以刀和剑为代表的短型近战兵器，是冷兵器时代的产物。它们尖锐锋利，寒气逼人，是用来取人性命的兵器。对外，在战场上，以精忠报国之决心，持兵卫国，披荆斩棘，保卫疆土，浴血奋战，“犯我中华者，虽远必诛”。对内，在维稳及自我防卫上，于公于私，“凡武艺，不是答应官府的公事，是你来当兵，防身立功，杀贼救命，本身上贴骨的勾当。你武艺高，决杀了贼，贼如何又会杀你？你武艺不如他，也决杀了你。若不学武艺，是不要性命的呆子”。从其技法上来看，劈、砍、刺、撩、点等所有技法，无一不指向技击、格斗、搏杀；从短兵不同的战术策略上来看，在短兵运动的竞技比赛中，为了获取更多的有效进攻，取得比赛的胜利，声东击西、避实就虚、旁敲侧击、先发制人等战术战法在竞技比赛中的体现，同样指向技击性。总之，鲜明的技击性是中国武术短兵的本质所在。

二、鲜明的体育性

促进人体健康，增强身体素质是短兵运动的鲜明体育性。身体活动是中国武术短兵的主要表现形态。短兵的一招一式、一进一退、一攻一防，无不是在人思维意识的控制下，借助身体各部位的协调配合来完成的。可以说，在短兵运动中，人体各部位都参与了运动，“一动无有不动”，使人的身心都得到了全面的锻炼，对促进人体健康、增强身体素质具有重要作用。

从身体素质锻炼的视角来看。就力量和耐力而言，如步势、步法的练习过程中，要求在两腿屈膝半蹲的情况下进行移动，在这种情况下，自然而然地就能够刺激腿部肌肉，使股直肌、股二头肌等肌肉不断收缩，增加肌肉横断面积，进而提升腿部力量及耐力；在速度和灵敏上，作为持器械类的格斗项目，其对速度和灵敏性的要求会随着技术能力水平的提高而提高。如在赛场上，抓住对方不备的一瞬间，以迅雷不及掩耳之势发起并完成进攻，不仅能够获得有效的得分，同时，在心理上也能够给予对方有力冲击。当然，这一切都离不开科学有效的教学训练方法以及坚忍不拔的精神意志。就柔韧性而言，腿部柔韧的拉伸是基本功，如正压腿、侧压腿等。除此之外，在进行突发中长距离进攻时，需要在短时间内发生尽可能长的位移距离。然而，除了步频之外，步长是一个关键因素，这也对腿部的柔韧性提出了更高的要求。因此，长期进行短兵练习能有效地增强人的身体素质。

总之，除了增强身体素质的鲜明体育性之外，短兵运动培养坚韧的意志品质，培育顽强拼搏的体育精神等体育功能特性，也是短兵运动所具有的功能。

三、公平的游戏性

人类在奋力追求美好生活的道路上离不开公平。同理，中国武术短兵在其发展的道路上也没有忘记公平的“初心”。

从冷兵器时代开始，就有一些破坏规则的掠夺者，手握毫无人性的、没有温度的“屠刀”，对手无寸铁的民众进行烧杀抢掠。但也不乏“为天地立心，为生民立命”的剑客、刀客挺身而出，剑指丑恶、拔刀相助、伸张正义、捍卫公平。

短兵发展演变至今，已经从原来的钢铁铸造、木质短棍、竹质剑逐渐发展为结合了现代科技元素而专门制作的短兵与护具。这些短兵和护具，外层由软质材料包裹，内部骨架由轻质且富有韧性的先进材料制成，穿上护具，手持短兵进行对抗，既充分保障安全性，发挥游戏性，又体现了以人为本的人类发展理念。在这样的基础上，中国武术短兵成为一个规则相对完善的体育项目。

公平的游戏性主要体现在以《竞赛规则》指引下的教学训练和竞技比赛。在《竞赛规则》中，对抗双方短兵的重量、长度、规格等均需相同，体重同属于某个特定的范围区间。也就是说，双方在统一的规则下进行，尤其是在场裁判误判错判的情况下，裁判长会进行实时纠正，这一切都是为了一个最终的目的，即比赛的公平性。在教学训练时，如在基础阶段，掌握了刺的动作之后，可通过刺击悬垂的、固定的网球来提高攻击点的准确性，待刺击的准确性稳定之后，难度再增加为刺击摆动的网球，进一步强化刺击准确度，娱乐与学练兼顾，具有较强的游戏性。

总之，在这样规则氛围中的参与者，其处事的公平性、规则性和原则性将会在无形中得到熏陶，树立正派作风的同时，又能满足不同年龄阶段人群健身娱乐的需求。

四、浓郁的中华民族文化特色

从当今短兵和护具的形制上看，短兵继承了传统剑的构造，护具类似于古代战场的盔甲，穿在身上整个形态就如同一名将士。在比赛时，让人联想到冷兵器时代的华夏儿女保家卫国，与敌人斗智斗勇的场景，进而铭记民族英雄，珍惜国家给我们营造的稳定社会，感祖国和平之恩。

中国武术短兵是中华民族在抵御外来侵略，与敌人浴血抗战的过程中，不断学习积累、归纳总结的宝贵民族财富。技击的本质特点、短兵及护具的形制，无不在传递一种信息，那就是铭记历史，牢记使命。如果忘记历史，不思进取，没有匹夫之责任，我们的民族就会再次遭受凌辱，家园再次遭受践踏蹂躏。皮之不存，毛将焉附？我们唯有以自强不息、勇于创新、脚踏实地、敢于拼搏战斗的精神，在进退攻防之中锤炼斗志，来彰显中华儿女气宇轩昂、奋发向上的民族气魄。

要而言之，中国武术短兵是中华民族在书写历史的过程中，将民族文化、民族精神和民族气质融为一体的宝贵民族文化遗产。

第三节　短兵运动价值功能

在短兵发展史上，每一代人都根据自己时代的价值取向和要求，在继承上一代智慧的基础上不断地超越和创新，诠释武术短兵相对的时代价值，从而使其不断地焕发出强劲的时代生命力，这就是武术短兵在中国历史长河中从未中断的原因所在。可以说，武术短兵的生命力之所以经久不衰，就是因为它将生命赖以发展的命脉之根深植于自己的时代土壤之中，及时解答时代赋予的各种问题，把握时代前进的方向。可见，适应时代要求，焕发出不同时代价值，是武术短兵在各个时代的立足之本。因此，在肩负实现中华民族伟大复兴历史使命的时代背景下，就民族文化而言，武术短兵的当代价值何在，是武术短兵推广发展不可回避的现实问题。立足于此，本节将探讨武术短兵的当代价值。

一、国家层面：短兵运动与民族认同

民族认同是指某一民族共同体的成员将自己和他人认同为同一民族，对这一民族的物质文化和精神文化持亲近态度，它包括民族成员个体交往的彼此认同和个体对民族整体的认同。共同的文化是中国境内各民族的向心力，是民族认同的核心，是构成中华民族凝聚力经久不衰的原因之一。民族认同一旦产生，一般不会随时间的流逝而改变。民族认同强调“同起源性”，包括起源地、语言文字、宗教信仰、生活风俗习惯等。如中华民族都强调把“炎黄二帝”作为中国人共同的祖先，就是一种民族认同。

武术短兵是一种身体文化形态。它主要是以身体活动为载体，来展现中华民族不屈不挠的精神，记录民族先烈们奋勇杀敌的中华民族传统技术文化符号。从捍卫国家领土、保卫家园和平的角度去看，明代武籍《单刀法选》描述了这样一个招式“你我拔刀式”，这一招式阐述的就是在军事作战时情急之下，你拔我刀，我拔你刀，并肩作战同仇敌忾的招法技术，同时也折射出战士们军旅训练生活中的特殊情感；从技艺传承的角度来看，就需要有师父的“入门引路”，没有师父传授，就算是学会一点外形动作，也很难领悟到其内在精髓。这种师徒传承的过程就是一种教化的过程，正如拳谚所云：“未曾学艺先学礼，未曾习武先修德。”从历史文献上来看，《吴越春秋·卷九·勾践阴谋外传》有这样的记载：“凡手战之道，内实精神，外示安仪。见之似好妇，夺之似惧虎。布形候气，与神俱往。杳之若日，偏如腾兔。追形逐影，光若佛仿。呼吸往来，不及法禁。纵横逆顺，直复不闻。”可见，中国短兵在中国传统文化的大背景下，吸收了中国古代的哲学、兵法等优秀传统文化的精华，形成了一种具有精深的哲学思想、系统的技击理论和完备的技术体系的特殊文化形态，有别于世界上其他民族武技文化。武术短兵是生长在中华传统文化这棵大树上的一个别具特色的分枝，是中华民族特有的文化符号之一。

一个民族的文化始终闪现着该民族灵魂的搏动，以巨大的向心力吸引着该民族的各类成员。因而，文化认同构成民族认同的核心。对武术短兵而言，深厚的民族文化底蕴是中华民族认同和凝聚力的重要源泉。因此，学习武术短兵，对弘扬中华民族传统文化、增强中华民族认同具有重要价值。

二、社会层面：短兵运动与正能量弘扬

自古以来，中国武术就是尚武崇侠、重义轻利、见义勇为、敢作敢当的象征。以中国武术为载体，弘扬其内蕴文化与价值追求，能够唤起新时代的尚武精神，弥补当前社会尚武精神之缺失或不足。譬如，看见老人倒地时敢于帮扶，看见偷盗抢劫时敢于制止，看见公交车上争斗时敢于伸张正义，而不再是“各人自扫门前雪”“事不关己高高挂起”“自古英雄侠客梦”。可以说，每个中国人骨子里都有一种“正气存内”的尚武精神。而刀剑就是英雄伸张正义的工具，尤其是伴随着冷兵器时代的谢幕，刀剑已经成为正义的精神象征。例如，近年来发生的一系列暴力恐怖事件，都折射出当下社会存在诸种不安定因素，社会需要推崇格斗技术，提升国人的尚武精神，以备不时之需，在必要时对付一些违法分子，打消其猖獗气焰。

因此，在新时代开展短兵运动，以短兵为载体，弘扬尚武精神，不管是对社会场域还是对学校立德树人，都具有特殊的时代意义。参与短兵运动，能唤醒人们隐藏于内心深处的正义感，锻造理智的“血性”，引导人临阵不乱，沉着应对，采取勇敢而不失理性的自救或救助行动，树立邪不压正的良好社会风气，逐步实现从个体正义感自觉到集体道德理性自觉的思维与行动的转变。

三、个人层面：短兵运动与身心教化

短兵是人体持握短器械进行格斗的运动。从身体层面来看，一方面，短兵能够培养敏捷性和灵巧性。在短兵练习中，以砍、劈、击、刺、闪等技术为基本元素，而在技法训练和实战过程中，需要将这些基本技法元素依据人体运动规律灵活地搭配在一起。不管是在基本技法的练习阶段，还是技法训练提高阶段，都需要全神贯注地将相应的动作反复练习，强化肌肉记忆，经过日积月累，自然而然，人体的运动状态就会得到提升。这样在日常生活中发生紧急状况时，就能在瞬间采取适应变化的行动。另一方面，短兵还能够塑造良好的体形。武术短兵对姿势的要求严格，“良好的姿势”在生理学上、力学上都是正确的姿势，同时也有美感。实战姿势是短兵的基本技术，在一击一刺、一攻一

防之间，都要及时地回归实战姿势，这使身体的肌肉得到锻炼，长期练习，还能使形体更加健硕。总之，短兵是一种能够有效地提高人体健康质量的身体教育方式。

从内在的德行教化层面来看，短兵属于武术家族中的一员，武术谚语讲“未曾学艺先学礼，未曾习武先修德”，可见短兵对短兵受众“德”行要求之重要。以“抱拳礼”为例，行礼时，两腿伸直，脚跟相靠，脚尖合并，寓意合作共赢；左手四指伸直并拢表示德、智、体、美四育齐备，大拇指内扣表示为人谦虚，天外有天，人外有人，永不自大；右手五指相握成拳，表示威武不屈，齐心合力；左掌掩右拳，两臂撑圆，表示勇不滋事，中华五湖四海（地球五大洲，四大洋）儿女凝心聚力，共图民族复兴伟业（共筑人类命运共同体）。在习练之始，武礼先打开一个人的视野和格局。从师者传道授业与学生敬畏师长的层面来看，师者，古语讲“一日为师，终身为父”，不仅要传道授业，还要在德行上为学生做榜样，帮助学生树立正确的世界观、人生观和价值观；从学生的视角来看，所谓“无水则冰无从生，无蓝则青无从出”，艺成而不忘恩师，这是短兵习练者最起码的道德标准。总之，武术短兵的教授习练过程，在一定意义上体现了中国传统审美的教化和育人之功效。

本章思考探索题：

（1）简述短兵运动发展的基本历程。

（2）短兵运动的特点是什么？

（3）在历史长河中，短兵运动的价值功能形态是否是一成不变的？

（4）从民族文化视角，如何理解“秦时期铬化工艺在铸剑技艺中应用”？

（5）电影《钱学森》说：“手上没有剑，和有剑不用，不是一回事。”基于这句话，谈一谈你对学习短兵运动的领悟。

第二章　短兵运动基本技术分析

第一节　短兵运动实战势

所谓实战势，就是正式发起进攻或进行防守前的预备姿势，也被称为格斗势。从历史上看，我国武术冷兵器种类繁多，可以说，有多少种武术门类就有多少种实战姿势。这种实战姿势在传统武术领域被称作“出门架子”，通常是一个武术种类抑或某个门派的“招牌动作”，有“开门亮相”之意。不管是徒手相搏的拳术，还是两个侠客持刀、剑、枪、棍棒等比试，都有这个“架势”。

在当代的竞技对抗项目中，不同的格斗项目有不同的预备姿势，如与短兵相近的日本剑道、国际击剑以及各式各样的身体相触的对抗性竞技；再如排球、羽毛球、网球等隔网相对抗的竞技中，均有实战姿势性质的对抗姿势的存在，而且越是在大型专业性赛事中，其重要程度越能够得到体现。可见，包括短兵在内的对抗类项目的实战姿势，在该项竞技中所占据的位置都是举足轻重的。

短兵运动实战姿势

短兵运动实战姿势，由兵器持握、身形、步势、眼神等方面构成。就外在表现形态而言，结合不同的技战术特点，可以说，一千个人就有一千种实战姿势，纵使短兵的实战姿势千变万化、不尽相同，但万变不离其宗，即保证其存在科学性的宗旨是不变的。总的来说，其宗旨可概括为以下三点：

（1）利于进攻

短兵属于持短器械进行技击格斗的对抗项目。由于技击性是短兵的本质属性，这就决定了短兵技术的运用必须建立在有效进攻的基础上。进攻是最好的防守，犀利的进攻就好比锋利的“长矛”，当发起一连串的紧密进攻的时候，无疑会给对方造成一种心理上的冲击，但每一次进攻都是建立在脚步的灵活运用上的。同时，这种对抗是动态变化的，进攻时机稍纵即逝，因此双方技术的对抗决定了技术的运用也是随机的，要想战胜对手，就要时刻随对方技击动作变化转移以确保迅速发动进攻，而实战姿势就是实现有效进攻的桥梁。

（2）利于防守

短兵的防守方法丰富多变，有时是接触防守，如格挡、上架、阻截等；有时是非接触的闪躲防守，如左右躲闪、后躲闪等。可以说，好的防守同样是最好的进攻，稳固的防守就如厚实的“护盾”，打出坚如磐石的防守，便会化解对方的进攻，甚至在最被动的时候打出最具穿透力的反击。以退为进，不仅需要以扎实的技法为依托，更需要带着强大的意志与睿智进行长期打磨。

（3）利于移动

短兵所有技术的运用都是建立在双方攻防矛盾转换的基础上，是一个动态的、控制与反控制的过程，再强势的进攻都会有弱势的时候，再严密稳固的防守也会有出现漏洞的时候，要想在激烈的搏击中战胜对手，就要根据对方技术的运用采取相应的技术变化，并随对手动作的变化而做出及时的调整。这就要求选手根据攻防动作的特点和要求，在不同的时机、距离、条件下不断迅速地转换步法和变换姿势。因此，实战姿势应便于身体的快速变换和移动。

（一）短兵持握法

1. 锁握法

动作姿态：以右手持握为例，拇指锁扣食指第一指节处，中指、无名指和小拇指紧握手柄，虎口接近护手盘。左手同理。（图2-1）

动作要领：拇指扣住食指，其余三指自然握柄，松活而不僵滞。

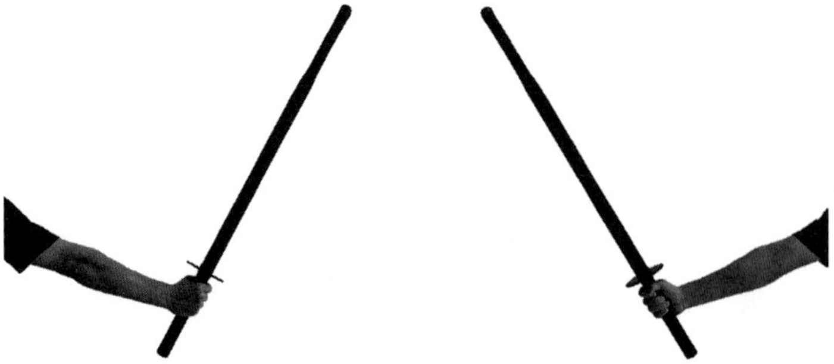

图2-1

2. 开握法

动作姿态：以右手为例，拇指打开，拇指伸直，指尖前顶护手盘，剩余四指相合，握拢手柄。左手同理。（图2-2）

动作要领：拇指须前顶护手盘，其余四指须紧握手柄，避免因对手击打致使兵器脱手。此种握法便于刺、挑等技法的运用。

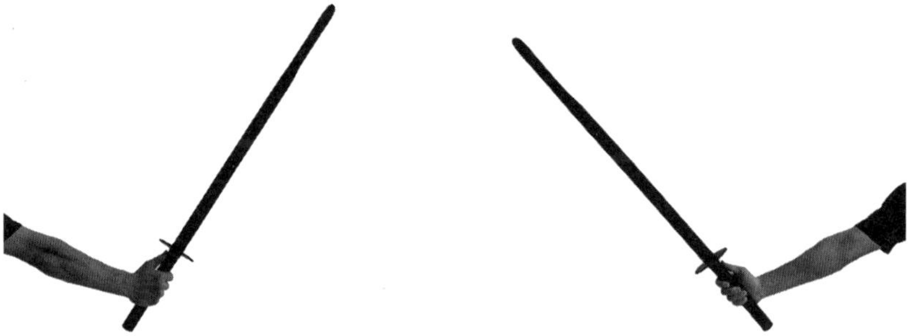

图2-2

3. 双手握法

动作姿态：双手握法是在单手握法的基础上，加上另一只手，构成双手持握手柄的一种握法。通常后手与前手手心相对，持握短兵柄部，握柄时，后手既可以全把紧握，也可以用四指附着，以备形成合力。双手握法多见于双手剑和中华苗刀等。（图2-3）

动作要领：两手应互为辅助，灵活多变。双手握法的目的是增强防守架、格挡和进攻时的劈、砍、刺的力度。

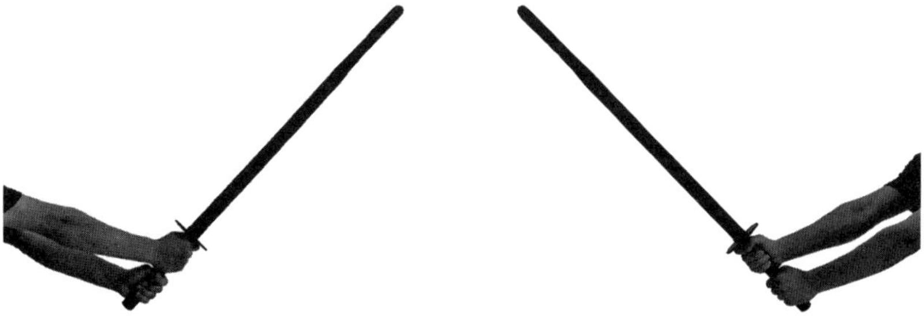

图2-3

（二）步势

所谓步势，就是实战姿势中下肢的站位形态。

动作姿态：以右手持兵为例，右脚在前，脚尖微内扣；左脚在后，脚尖外展，外展角度为60°～90°；两脚相距约为本人脚长的3倍；屈膝下蹲，重心置于两腿之间。左侧同理。（图2–4）

动作要领：重心必须置于两脚之间，不偏不倚，时刻为攻防进退做好准备。

图2–4

（三）身形

身形即实战姿势中人体躯干与上肢的表现形态。

动作姿态：以右手持兵为例，上体自然松正，微微侧对前方，右臂稍屈，手心朝向左侧，左手向左后方自然伸展，下颌微收；注视前方。左侧反之。（图2–5）

动作要领：侧对前方，以侧身肩宽为受敌面积，切忌半面或正面朝向前方，后手臂辅助控制身体平衡。

图2–5

（四）眼神

眼神，就是眼法，也可称之为“视线”。通常情况下，进攻时，眼睛“瞄准”哪个部位，就会朝着哪个部位进攻；防守时，观察对方的招式，做出相应的防守动作，是至关重要的。眼神除了要注视进攻部位外，余光要环顾对方的手腕和肩、髋等部位。腕部的动作和肩、髋的举止，会先于短兵而流露出来。因而，肩、髋部位的小动作，可以作为对手即将出击动作的一种预判，进而缩短反应时间。当然，眼神也可以融合在战术当中，如武术谚语中的“指人头扎人面”。这里的“人面”指手面、脚面。

第二节　短兵运动基本步法

在诸多格斗门类中，没有哪个门类的技术是无“步”而“战”的，也没有哪个门类的进攻与防守不是在移动中展开的。如传统武术谚语云：“步不稳则拳乱，步不快则拳慢，拳到步不到，技击不为妙，拳到步也到，打人如拨草。”由此可见步法移动的重要性。实战时，双方都保持着一定的距离。距离感是对距离的判断和运用，是成败的主要因素。

在当今的短兵交锋中，距离可分为圈内距离与圈外距离两种。所谓圈内距离，就是两兵相交，短兵能够有效进攻对方或能够被对方攻击的距离；而双方均不在对方攻击范围之内的距离则被称为“圈外距离”。

由于短兵实战是一个动态的过程，只有通过不断地步法的移动才能抢占有利的位置，进而发动进攻或防守。没有有效的步法移动，就没有有效的进攻或防守。短兵习练者对距离的判断、掌握、运用的优劣，将直接影响乃至决定对抗的成败。距离感的把控则来源于科学有效的步法及步法训练。

短兵运动基本步法

（一）前进步

动作过程：以右脚在前为例，左脚蹬地，右脚微贴地向前进一步，为

20～30厘米，左脚随即跟进，步幅与前步相同；重心置于两脚之间，上体保持侧身不变；目视前方。左脚在前同理。（图2-6～图2-9）

动作要领：上体保持侧向正身，勿前倾后仰；后脚蹬地，助推身体向前移动，后脚随即跟进；前进距离等于跟进距离；注意初学者迈进距离和跟进距离不可过大。

图2-6　前进步-1

图2-7　前进步-2

图2-8　前进步-3

图2-9　前进步足迹图

（二）后退步

动作过程： 以右脚在前为例，重心位于两脚之间，左脚微贴地向后退一步，为20～30厘米，右脚随即后退，步幅与后步相同；重心置于两脚之间，上体保持侧身不变；两眼正视前方。左脚在前同理。（图2-10～图2-13）

动作要领： 上体保持侧向正身，勿前倾后仰；右脚蹬地，推动左脚移动，随即后退；左脚后退距离等于右脚后退距离；步幅大小适中。

图2-10　后退步-1

图2-11　后退步-2

图2-12　后退步-3

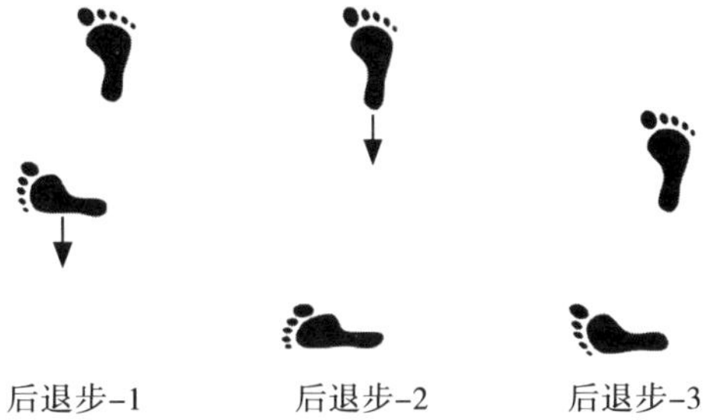

图2-13　后退步足迹图

（三）右移步

动作过程：以右脚在前为例，右脚向右横移半步，左脚随即向右横移半步；上体保持侧身不变；两眼注视前方。左脚在前同理。（图2-14～图2-17）

动作要领：向右横向移步，先移动右脚，左脚随之移动，步幅相同，重心保持在两脚之间，上体不可左右摆动或前倾后仰。

图2-14　右移步-1

图2-15　右移步-2

图2-16　右移步-3

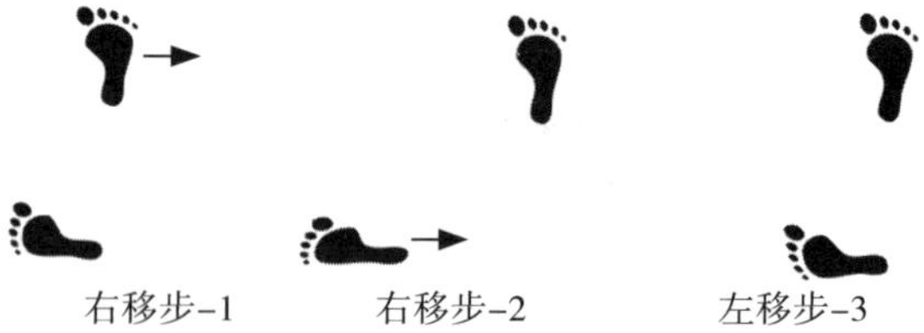

图2-17　右移步足迹图

（四）左移步

动作过程：以右脚在前为例，左脚向左横移半步，右脚随即向左横移半步；上体保持侧身；双眼注视前方。左脚在前同理。（图2–18～图2–21）

动作要领：向左横向移步，先移左脚，右脚紧随，步幅相同，重心保持在两脚之间，上体不可左右摆动或前倾后仰。

图2–18　左移步–1

图2–19　左移步–2

图2–20　左移步–3

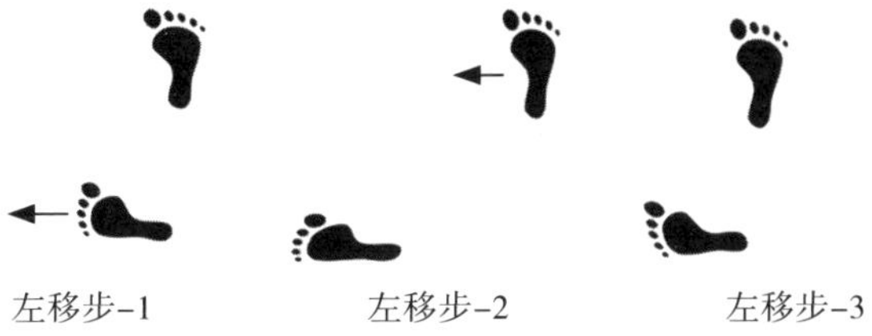

图2–21　左移步足迹图

（五）抢步

动作过程：以右脚在前为例，右脚突然向前进步，屈膝前弓，左脚蹬地，顺势向前移动左脚；两眼注视前方。左脚在前同理。（图2-22 ~ 图2-25）

动作要领：突发性向前进步，注意避开对方视线，不被对方觉察，出其不意，攻其不备。

图2-22　抢步-1

图2-23　抢步-2

图2-24　抢步-3

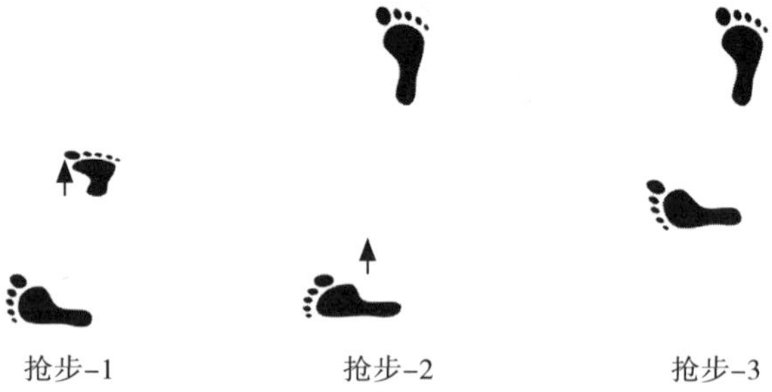

图2-25　抢步足迹图

（六）撤步

动作过程：以右脚在前为例，右脚向后收撤半步，左脚不动，保持重心平衡，上体侧对前方。左脚在前同理。（图2-26～图2-29）

动作要领：保持上体实战姿势不变，以退为进，蓄势待攻。

图2-26　撤步-1

图2-27　撤步-2

图2-28　撤步-3

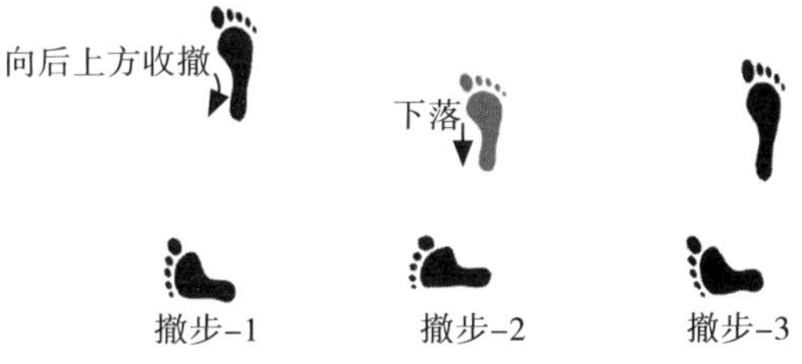

图2-29　撤步足迹图

（七）抬步

动作过程：以右脚在前为例，右腿屈膝上抬，小腿下垂，右脚与左膝同高；左脚五趾抓地，支撑身体平衡。左脚在前同理。（图2-30、图2-31）

动作要领：由于抬步是用来避开对手对小腿的横砍或扫的瞬时动作，故要求动作敏捷。

图2-30　抬步

图2-31　抬步足迹图

（八）跳闪步

跳闪步是用于躲避对方攻击我方下肢的同时，反击对方的步法。

动作过程：以右脚在前为例，右脚迅速先向后上方收起，左脚蹬地上跃，同时右脚下踩；保持身体平衡；注视前方。左脚在前同理。（图2-32 ~ 图2-35）

动作要领：上跳以不超过膝关节为宜，起落轻盈敏捷，变换自如。

图2-32　跳闪步-1

图2-33　跳闪步-2

图2-34　跳闪步-3

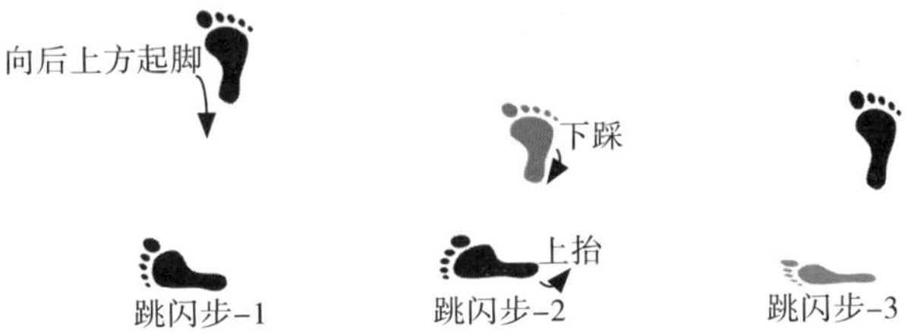

图2-35　跳闪步足迹图

（九）跟步

动作过程：以右脚在前为例，两膝关节微屈，右脚向前迈进一步，左脚随即跟进落于右脚后方，脚跟提起；上体正直，侧对前方蓄势待发。左脚在前同理。（图2-36～图2-39）

动作要领：步幅与跟进步幅一致，保持步幅行进重心高度不变。

图2-36　跟步-1

图2-37　跟步-2

图2-38　跟步-3

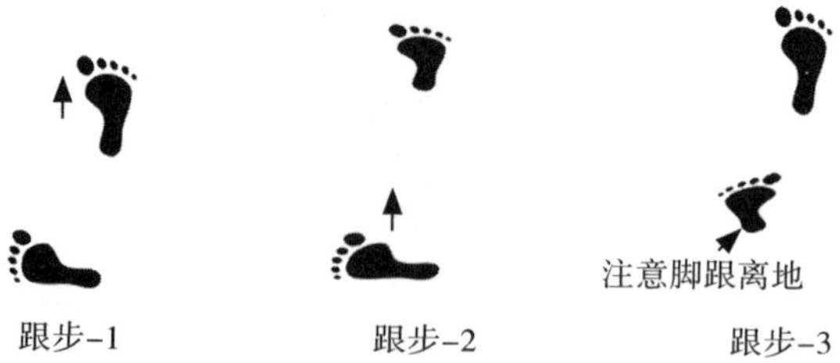

图2-39　跟步足迹图

（十）弓步

动作过程：以右脚在前为例，右脚向前进一大步，顺势屈膝前弓，左腿后蹬，膝关节伸直；上体正直；目视前方。（图2-40、图2-41）

动作要领：出步疾速，力求出其不意。

图2-40　弓步

图2-41　弓步足迹图

第三节　短兵运动进攻技术

不管是冷兵器时代战场上的搏杀，还是当今竞技体育格斗类项目的角逐，进攻都是取得胜利最直接的手段。短兵进攻是由点、崩、剪、劈、撩、挑、斩、砍、刺等基础进攻技法的灵活搭配，结合灵敏的步法以及科学可行的战术策略共同构成的。进攻技术既然是“基础”，那么就很“关键”。

招练千遍，技法自现。娴熟的进攻技法必须从一招一式开始。单个进攻技法的形成、掌握和运用，必须严格遵照不同招式的规格，规规矩矩地加以练习，并且要经过科学的训练手段和训练步骤，才能磨炼出熟练并且犀利的进攻技能。切忌急于求成，拔苗助长。

一、点技

点技是用短兵的锋芒部分攻击对手的技法，是攻击对手前沿部位的有效招式之一。点技由直点和偏点两种点法组成。

（一）直点

动作过程： 甲乙短兵相对，甲方伸臂悬腕，使短兵前端下垂，越过乙方短兵护手，直线点击乙方手腕或前臂。（图2–42）

图2–42 直点

（二）偏点

动作过程： 甲乙短兵相对，甲方向斜前方上步，同时伸臂悬腕，从乙方内侧或外侧点击乙方手腕或手臂。（图2–43、图2–44）

动作要领： 伸臂前探，悬腕上提，使兵身以最近的距离，突然击发。

图2–43 偏点–内侧

图2-44　偏点-外侧

二、崩技

动作过程：甲乙短兵相对，甲方持短兵由下向上以短兵锋刃部分崩击乙方腕部或前臂下侧。（图2-45、图2-46）。

动作要领：伸臂沉腕，突然发力，力达兵端。

图2-45　崩-1

图2-46　崩-2

三、剪技

剪技，又称剪腕，简称“剪”，需要灵活地运用腕关节才能完成。剪技的攻击部位通常是手腕和手臂。在技法上，剪技分为内剪腕与外剪腕。

（一）内剪腕

动作过程：甲乙短兵相对，甲方手持短兵，前臂内旋，手腕下扣，悬腕上提，手心转下，力点达于兵尖，短兵前端下侧与乙方手腕成叉状。（图2–47）

图2–47　内剪腕

（二）外剪腕

动作过程：甲乙短兵相对，甲方前臂外旋，手腕旋转至手心朝上，反手悬腕上提，力点达于兵尖，短兵前端外侧与乙方腕部成叉状。（图2–48）

动作要领：伸臂、松肩、上提、悬腕，攻其不备，剪其不意。

图2–48　外剪腕

四、劈技

劈技是持短兵由上向下进击对手头部、躯干、上臂等部位，且能够造成重创的技法，该技法在中国武术各类冷兵器中普遍存在。劈技分为立劈、环劈、斜劈三种劈法。

（一）立劈

动作过程：甲乙短兵相对，甲方持兵上起，向前下方劈击乙方头部、手臂或肩部，力点置于短兵刃部，伸臂前探。（图2–49～图2–51）

图2–49　立劈–1

图2–50　立劈–2

图2-51　立劈-3

（二）环劈

环劈，也称“绕环大劈”，分内环劈和外环劈两种。

1. 内环劈

动作过程：甲乙短兵相对，甲方以腕关节为轴，短兵紧沿身体内侧，向下、向后、向上、向下绕环360°，抡劈乙方。前臂随之回收顺势加速，力求加大转动速度。（图2-52～图2-54）

图2-52　内环劈-1

图2-53　内环劈-2

图2-54　内环劈-3

2. 外环劈

动作过程： 甲乙短兵相对，甲方以腕关节为轴，短兵紧沿身体外侧，向下、向后、向上、向下绕环360°，抡劈乙方。（图2-55～图2-57）

图2-55　外环劈-1

图2-56　外环劈-2

图2-57　外环劈-3

（三）斜劈

斜劈是以人体中轴线的左、右两侧为起点，斜面向下瞬间发力劈击目标的技法。该技法分右斜劈和左斜劈两种。其中，由右方向左下方劈击为右斜劈；由左方向右下方劈击为左斜劈。

动作要领：由于斜劈技动作幅度较大，在使用该技法时，为了防止对方反击，出击速度务必要快，否则易被对方击中。

五、撩技

撩是由下向上攻击对手的技法。在技法的表现形态上，恰恰与劈技相反。劈走阳，撩走阴。撩由正撩和反撩两种技法构成。

（一）正撩

动作过程：甲乙短兵相对，甲方持短兵以腕为轴，屈肘外旋，使短兵沿身体外侧，经后下方向前上方撩击乙方躯干、腿部、手臂或兵械。撩击时，伸臂将短兵送出。（图2-58～图2-60）

图2-58　正撩-1

图2-59　正撩-2

图2-60　正撩-3

（二）反撩

动作过程：甲乙短兵相对，甲方持短兵以腕为轴，屈肘内旋，沿身体内侧，经后下方向前上方撩击乙方躯干、腿部、手臂或兵械。撩击时，伸臂将短兵送出。（图2-61 ~ 图2-63）

动作要领：腕部灵活敏捷，切忌上臂挥舞，被对方反击。运用该技法时，多与佯攻、虚晃、引诱等战术策略搭配使用。

图2-61　反撩-1

图2-62　反撩-2

图2-63　反撩-3

六、挑技

挑是自下而上直臂挺伸短兵，用以擢挑对方手臂或器械的技法。在技法上，挑分为直挑、内侧挑和外侧挑三种。

（一）直挑

动作过程：甲乙短兵相对，甲方直臂挺伸短兵，自下向上正面挑击乙方的兵刃和手臂。（图2-64、图2-65）

图2-64　直挑-1

图2-65　直挑-2

（二）内侧挑

动作过程： 甲乙短兵相对，甲方直臂挺伸短兵，自下向上从乙方内侧挑击乙方手臂。（图2-66、图2-67）

图2-66　内侧挑-1

图2-67　内侧挑-2

（三）外侧挑

动作过程：甲乙短兵相对，甲方直臂挺伸短兵，自下向上从乙方外侧挑击乙方手臂。（图2-68、图2-69）

动作要领：松肩、直臂、侧身，在上挑线路上，特别注意与对方的兵刃、手臂成叉状。

图2-68　外侧挑-1

图2-69　外侧挑-2

七、斩技

斩技是用短兵的中前段击打对手器械，迫使对手器械偏离将要进攻或防守轨迹的一种技法。

动作过程：甲乙短兵相对，甲方短兵处于乙方短兵上位时，迅速起兵上抬，疾速斩剁乙方短兵，迫使乙方短兵低头，为结合其他技法攻击乙方空当做铺垫。（图2–70、图2–71）

动作要领：发力疾速、短促、果断。

图2–70　斩–1

图2–71　斩–2

八、砍技

砍技的动作路线是横向的，分为正砍和反砍。以右手持兵为例，由右向左为正砍；由左向右为反砍。左手持兵反之。从砍击的部位来看，又分为“砍腿”和“砍腰”两种。

（一）砍腿

动作过程：甲乙短兵相对，甲以腰为轴向右转动，持兵由右向左横砍乙方小腿，为正砍腿；反之，甲方向左转腰，由左向右横砍乙方小腿，为反砍腿。（图2–72～图2–75）

图2–72　正砍腿–1

图2-73　正砍腿-2

图2-74　反砍腿-1

图2-75　反砍腿-2

（二）砍腰

动作过程：甲乙短兵相对，甲方向右转腰带动短兵右移，由右向左砍击乙方腹腰部位，为正砍；反之，甲方向左转腰带动短兵左移，由左向右砍击乙方腰腹部位，为反砍。（图2–76～图2–79）

动作要领：腰转带动腕转，转动时松活疾速。注意转腰带动短兵蓄力时，挥动上臂的幅度不可过大，否则容易被对手察觉反制。

图2–76　正砍腰–1

图2–77　正砍腰–2

图2-78　反砍腰-1

图2-79　反砍腰-2

九、刺技

刺是在中国冷兵器中普遍存在的动作。刺技在不同的器械中的命名有所不同，如刀和枪都将刺技称为“扎”，棍称刺技为“戳”，剑术称刺技为“刺”。刺的进攻线路为直线，攻击力较强，又难以防备。故在诸多防守反击组合中，经常以防刺为主。刺技分为直刺、斜刺、反刺以及对身体不同空当部位进行攻击的刺法。

（一）直刺

动作过程：甲乙短兵相对，甲方由后向前平刺，伸臂直腕，顺肩前送，发劲疾速，兵臂一体，力达兵端。（图2-80）

图2-80　直刺

（二）斜刺

动作过程：甲乙短兵相对，甲方避开乙方中线，提臂从外侧发力刺击乙方胸部。（图2-81、图2-82）

图2-81　斜刺-1

图2-82　斜刺-2

（三）反刺

动作过程：甲乙短兵相对，甲方短兵位于乙方外侧时，甲方手臂外旋，掌心向上，反手刺击乙方肩背部。（图2-83）

图2-83　反刺

（四）刺手

动作过程：甲乙短兵相对，甲方下势沉腕，由下向上刺击乙方握兵的手背。（图2–84）

图2–84　刺手

（五）刺膝

动作过程：甲乙短兵相对，甲方伸臂直腕，直接刺击乙方前腿膝部。（图2–85）

图2–85　刺膝

（六）刺足

动作过程： 甲乙短兵相对，甲方突然俯身下势，刺击乙方前腿足面。（图2–86）

动作要领： 以迅雷不及掩耳之势刺中具体部位。出手时如箭在弦上，发之必中。

图2–86　刺足

第四节　短兵运动防守技术

如果将进攻与防守两个词汇分开来看，进攻者追求招招击中要害，防守者追求密而不漏、无隙可乘，二者似乎是对立的。但是在任何实战技法中，并没有单纯的进攻，也没有单纯的防守，攻与防是一个完整格斗体系的两个分支，是相互转换的，其核心目的是追求生存与胜利。从某种意义上讲，进攻技术与防守技术两者中的任何一方都不能脱离彼此而独立存在，防守的最终目的是实施更精准有力的进攻。

短兵运动防守技术通常分为两大类：接触性防守和非接触性防守。

一、 接触性防守

（一）格挡

格挡是最常用的防守招法，也是组织防守反击、吃招还招的有效招法。它一般分为右格挡和左格挡两种。

1. 左格挡

动作过程：由实战姿势开始，手腕内扣，向左侧推格，格开对手刺与砍的进攻。切记，兵锋不离身体中线。（图2–87、图2–88）

图2–87　左格挡–1

图2–88　左格挡–2

2. 右格挡

动作过程：由实战姿势开始，持兵向右侧推格，以短兵根部格开对手剪腕、点腕或从身侧刺击的进攻。（图2–89、图2–90）

动作要领：以短兵根部为力点，格挡幅度以不超越身体两侧沿线为宜，将对方进攻格挡于体外。

图2-89　右格挡-1

图2-90　右格挡-2

（二）架挡

1. 正架挡

动作过程：由实战姿势开始，前臂内旋上抬，短兵架于头前上方，略高于头部，架点置于短兵中段部位，正手上架。（图2-91、图2-92）

图2-91　正架挡-1

图2-92　正架挡-2

2. 反架挡

动作过程： 由实战姿势开始，前臂上举外旋，短兵成斜面架于左侧上方，手举位置略高于头部，力点置于短兵中部，反手向上架托。（图2–93、图2–94）

动作要领： 上架时，上抬前臂，注意幅度不可过大，护住头肩即可，用于架挡对手的劈击。

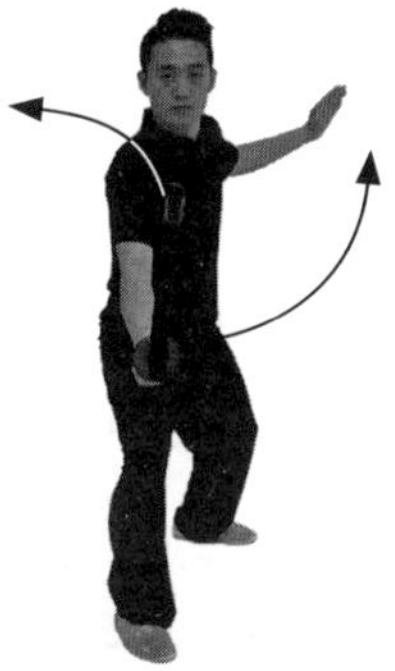

图2–93 反架挡–1

图2–94 反架挡–2

（三）拦截

拦截是运用短兵中前段部位，对腿部将要遭受扫砍类的攻击动作进行防御的技法。拦截主要是防护腰部以下的横向攻击或刺击，分为左拦截和右拦截两种。

1. 左拦截

动作过程： 由实战姿势开始，右手腕外旋，短兵前端下落，成斜面向左旋推拦至身体左外沿线。（图2–95、图2–96）

图2-95　左拦截-1

图2-96　左拦截-2

2. 右拦截

动作过程：由实战姿势开始，右手腕内旋，短兵前端下落，成斜面向右旋推拦至身体右外沿线。（图2-97、图2-98）

动作要领：幅度不可过大，以本人身体内外侧沿线为临界线。力点置于短兵中段，拦截时，无论向左还是向右，都应略向后随带，以化解对方的横向力度，为反击做准备。

图2-97　右拦截-1

图2-98　右拦截-2

（四）垂闭

动作过程：由实战姿势开始，右手上提，内旋下扣，短兵前端回摆，兵锋垂直朝下，或斜面朝下，以短兵中、根部抵挡对手的大力横击或中平刺，身体随之向右侧移动，将攻击阻于体外。（图2–99、图2–100）

动作要领：运用时，短兵向左侧推挡，略向后带动，便于还击。

图2–99　垂闭–1

图2–100　垂闭–2

二、非接触性防守

（一）后躲闪

动作过程：由实战姿势开始，以后退步为基础，根据对手进攻情况，单脚或双脚向后急退一步或半步，使对手进攻落空，破坏对方的有效进攻距离。但是，后躲闪撤步不是单纯的退步，要配以上身的后引、前俯等身法的变化，来增强防守效果。

动作要领：后躲闪撤步要根据对手进攻幅度的大小退步，不宜过大。需要注意的是，后躲闪撤步是积极防御，以退为进，而不是消极地退让。在后躲闪撤步时，应敏锐地把握并利用对手“前招力已尽，后招未发出”的时间差给予有效地反击。

（二）左右躲闪

动作过程：由实战姿势开始，向左、向右横向滑步闪避对手攻击。向右闪避，以后步向右横向滑步；向左闪避，以前步向左横向滑步。用左、右横向滑步，躲闪对手的短兵，使其进攻落空。

动作要领：运用左、右横向滑动步法，躲闪对方短兵的进攻。躲闪同样不是消极避让，而是积极躲闪，一旦发现对方进攻漏洞与破绽，要以迅雷不及掩耳之势，予以还击。

（三）下躲闪

动作过程：由实战姿势开始。直接向下屈膝，沉髋下蹲，降低重心，躲闪对方短兵对头部的横向攻击。

动作要领：下躲闪时，膝关节、髋关节要同时弯曲，两眼紧盯着对方横向打击头部的短兵，持短兵随时做好补防或进攻的准备。

本章思考探索题：

（1）短兵有几种持握法？每种持握法优缺点是什么？

（2）短兵运动实战姿势的基本技术要领及衡量标准是什么？

（3）短兵运动防守分几种类型？

（4）试述短兵运动步法与进攻技术及防守技术之间的内在关系。

（5）短兵运动技术体系的内在规律是什么？

第三章　短兵运动攻防反击组合技术分析

中国武术短兵攻防反击组合是在进攻动作、防守动作以及防守反击动作的基础上，通过反复锤炼，形成攻与防的协调统一，以实现战胜对手为目标的攻防有效动作组合。对短兵攻防反击技术组合的分析，是习练者清楚攻防技术的配合使用，指导自身的训练与实战，从而提高短兵技术水平的重要途径。在习练中，需要注意的是，短兵是手臂的延伸与拉长，每一个动作的下俯、上起、左跳、右闪等，手臂与腰部等身体部位都要和短兵招法协调配合、相随相合，才能在实战中充分发挥短兵的技术特点。

第一节　短兵运动连击技术分析

短兵交手，两者你来我往，单纯运用单个技术动作，难以在对抗中占据优势。因此，需要进攻方使用多种技术动作，相互衔接与配合，第一招出击后紧接第二招，从而使对手顾此失彼、应接不暇。正如拳谚曰："前手至，后手随。"

短兵连击技术，是在刺、剪、撩、斩、砍、劈、点、崩等单个动作的基础上，将两招动作衔接在一起或者单招动作重复两次使用的技术用法，也称连击。连击技术运用的关键在于单个技术动作的成熟掌握与应用自如，再配合步法、身法，将技术动作的攻防作用发挥到极致。短兵连击动作的使用也充分体现了中国武术剑法、刀法等技术的精髓所在。现将连击技术举例，逐一分析于下。

一、直刺砍腿连击

动作过程：甲乙短兵相对，甲方先虚招上步直刺乙方胸口，待乙方做出反应时，甲方迅速转移攻击部位，横砍乙方小腿内侧。（图3-1 ~ 图3-4）。

动作要领：上虚下实。甲方直刺乙方胸口时，注意动作的探臂直刺，佯攻乙方胸膛，达到扰乱乙方节奏的效果；待乙方进行胸部防守时，紧接着再低身横砍乙方小腿。指上打下，要求步法灵动、手腕灵活，技术动作快、准、狠，一气呵成。

图3-1　直刺砍腿连击-1

图3-2　直刺砍腿连击-2

图3-3　直刺砍腿连击-3

图3-4　直刺砍腿连击-4

二、刺足抡劈连击

动作过程：甲乙短兵相对，甲方突然启动，运用短兵兵锋，虚刺乙方前脚脚面，待乙方做出反应时，甲方顺势抡劈乙方手臂、肩膀或头部（规则允许的情况下）。（图3-5～图3-8）

动作要领：下虚上实。甲方刺击乙方脚面时，身体要低身伸臂，同时眼睛要盯住乙方短兵的动向；抡劈时，短兵贴身抡劈，转动手腕与转腰是动作力度大小的关键，要求低身与起身的速度要快，上下协调一致，做到刺击快速，抡劈有力，达到指下打上的技击目的。

图3-5　刺足抡劈连击-1

图3-6　刺足抡劈连击-2

图3-7　刺足抡劈连击-3

图3-8　刺足抡劈连击-4

三、撩兵立劈连击

动作过程：甲乙短兵相对，甲方向左前方上步避其锋芒，同时由下向上反撩乙方短兵，迫使乙方短兵上扬，借乙方短兵上扬正面空当之机，甲方前臂发力向下劈击乙方手臂、肩部或头部（规则允许的情况下）。（图3–9～图3–12）

动作要领：甲方撩击时，前臂内旋，虎口向下，撩击乙方短兵的中部或根部，要求短兵与乙方短兵成交叉状，动作的力度、长度要加大；立劈时，手臂向下发力，转腰带手，迅猛而有气势。此连击，一反一正，一阴一阳，做到出其不意，攻其不备。

图3–9　撩兵立劈连击–1

图3–10　撩兵立劈连击–2

图3-11　撩兵立劈连击-3

图3-12　撩兵立劈连击-4

四、撩兵横砍连击

动作过程：甲乙短兵相对，甲方伺机而动，避其锋芒，由下向上反撩乙方短兵，随即横砍乙方的腰部、手部等。（图3-13～图3-16）

动作要领：甲方撩击时，前臂内旋，虎口向下，撩击乙方短兵的中部或者根部，迫使乙方短兵上扬，借乙方短兵上扬正面空当之机，随即手臂外旋，手心向上，转腰带手，横向砍击乙方腿部、腰部、肩部等。

图3–13　撩兵横砍连击–1

图3–14　撩兵横砍连击–2

图3–15　撩兵横砍连击–3

图3-16 撩兵横砍连击-4

五、斩兵反砍连击

动作过程：甲乙短兵相对，甲方向右前方上步，同时斩击乙方短兵，随后手臂回收胸口，转腰带手，反砍乙方肩部。（图3-17～图3-21）

动作要领：这是一组以攻代防的连击动作。甲乙短兵相对，甲方上步斩击乙方短兵时，要求步法灵敏，动作迅速，力量加大，将乙方短兵斩落，立刻手臂快速回收，转动腰部带动手臂反砍乙方肩部。砍击的速度要快，力度要加大，注意腰部与手臂的协调配合。

图3-17 斩兵反砍连击-1

图3-18　斩兵反砍连击-2

图3-19　斩兵反砍连击-3

图3-20　斩兵反砍连击-4

图3-21　斩兵反砍连击-5

六、剪腕插刺连击

动作过程：甲乙短兵相对，甲方向左前方上步，同时剪击乙方手腕，立刻收脚、收手向右跳步，插刺乙方胸膛。（图3-22～图3-25）

动作要领：甲方前脚上步时，角度左侧45°即可，要求转弯手心向上，短兵尖端剪击乙方右手腕，迫使乙方持兵的手腕下沉或脱兵。随后收脚要快，手臂向内侧旋转，手心向下，手腕与手臂成一条直线，向右侧45°跳步，插刺乙方胸膛，要求以腰带手，步法与手法上下协调一致，左右相互结合，发力齐整。

图3-22　剪腕插刺连击-1

图3-23 剪腕插刺连击-2

图3-24 剪腕插刺连击-3

图3-25 剪腕插刺连击-4

七、剪腕连击

动作过程：甲乙短兵相对，乙方直刺甲方，甲方前脚左上步，剪击乙方手腕或短兵，乙方继续刺击，甲方随即收脚、收手向右跳步，剪击乙方手腕或短兵。（图3–26～图3–29）

动作要领：这是一组剪剪相结合的连击动作。此技术的运用在于手腕的灵活与脚步的灵敏相互协调配合。无论是左上步还是右跳步，角度为身体正中线斜45°即可，旨在闪开半个身位，进可攻退可守；同时要求剪腕的力度要大，前臂带动上臂。

图3–26　剪腕连击–1

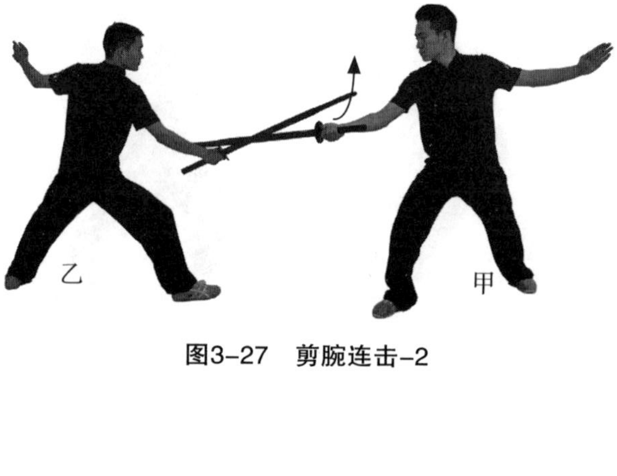

图3–27　剪腕连击–2

图3-28　剪腕连击-3

图3-29　剪腕连击-4

八、正砍反砍连击

动作过程：甲乙短兵相对，甲方上步低身正砍乙方前小腿内侧，随后起身收手，反砍乙方手臂、肩部或头部（规则允许的情况下）。（图3-30～图3-33）

动作要领：甲方低身砍击乙方小腿时，应极速下俯身体，使乙方毫无心理准备。要求上步敏捷，重心屈沉下降速度快，砍击力度大。起身时，手臂与身体要同时回收，一是可以避免乙方的反击，二是可以为进攻做好准备。要求起身回收要快，反砍时以腰带手，重心向前，短兵像鞭子一样反砍乙方，做到快、准、狠。

图3-30　正砍反砍连击-1

图3-31　正砍反砍连击-2

图3-32　正砍反砍连击-3

图3-33　正砍反砍连击-4

九、立劈横砍连击

动作过程：甲乙短兵相对，甲方上步立劈乙方肩部或头部（规则允许的情况下），随后上步横砍乙方腰部或小腿。（图3-34～图3-38）

动作要领：甲方上步立劈时，要求上步迅速，立劈虚晃，诱使乙方做出防守上部的动作，从而指上打下，再上步横砍乙方的腰部或手部。要求以腰带臂，砍击的速度要快，力量要大，做到上下与左右的相互配合，诱使对手眼花缭乱、防不胜防。

图3-34　立劈横砍连击-1

图3-35　立劈横砍连击-2

图3-36　立劈横砍连击-3

图3-37　立劈横砍连击（背面）-4

图3-38　立劈横砍连击（背面）-5

十、崩腕抡劈连击

动作过程： 甲乙短兵相对，甲方低身上崩乙方手腕或前臂，随后起身上步抡劈乙方手部、肩部或头部（规则允许的情况下）。（图3–39～图3–42）

动作要领： 甲方低身上崩时，意在扰乱乙方节奏，力度可大可小，但低身要迅速，给乙方一种攻击下方的假象。随后起身上步要快，抡劈时短兵贴身体内侧划出一个弧度，以腰带动手臂，要求步法沉稳迅速，抡劈灵活有力，做到步到兵到。

图3–39　崩腕抡劈连击–1

图3–40　崩腕抡劈连击–2

图3-41　崩腕抡劈连击-3

图3-42　崩腕抡劈连击-4

第二节　短兵运动进攻组合技术分析

所谓进攻组合，是指三个招法或三个以上招法组成的连续进攻的技术动作组合。在传统的武术技击中，追求“连珠炮动”和“连三并四”的效果，正如戚继光所讲的那样：“不招不架，只是一下，犯了招架，必是十下。”两兵相交时，宜采用“后人发，先人至”或“连消带打”等战法，避锋抢虚，一招取胜。如果被动招架，对方连杀连打，我方手忙脚乱，容易以失败告终。

进攻组合的意义在于，将简单的技术动作战术性地组合起来，上下配合，左右衔接，形成技术体系的立体化，达到有利于击打对手的目的。多招之中包含着真假虚实、轻重缓急、虚晃躲闪的战术技巧与方法，扰乱对方进攻与防守的节奏；首招也好，次招也罢，只为实现实战中占据优势的招法变幻，从而完成最后一招的有效击打。但是，在运用组合技术时需要注意，不可“教条式”或“生套硬搬”，而是要结合实战情况，相机而动，随机应变。

现将短兵的进攻组合技术分析于下，以供学习与参考。

一、直刺—抡劈—横砍

动作过程：甲乙短兵相对，甲方虚招直刺乙方胸口，诱使乙方做出反应时，再上步抡劈乙方肩部或头部（规则允许的情况下），待乙方做出防守上部进攻动作，下盘漏出空当之时，随即低身砍击乙方前小腿内侧。（图3-43～图3-48）

动作要领：甲方进攻方刺击乙方胸口时，需速度快，诱使乙方做出反应时，迅速上步抡劈，随后迅速低身砍击乙方小腿，一气呵成。抡劈时，要求短兵贴身体内侧划出弧线，转腰带手劈击；砍击时，要求低身迅速，贴近乙方身体，既避免对手还击，又使对手难以回救。整套组合三个招式的发力节奏应当是轻、重、重，或重、重、重。

图3-43　直刺—抡劈—横砍-1

图3-44　直刺—抡劈—横砍-2

图3-45　直刺—抡劈—横砍-3

图3-46　直刺—抡劈—横砍-4

图3-47　直刺—抡劈—横砍-5

图3-48　直刺—抡劈—横砍-6

二、直刺—下砍—反砍

动作过程：甲乙短兵相对，甲方直刺乙方胸口，迫使乙方防守躯干，随后低身下砍乙方前小腿内侧，待乙方做出防守下盘动作时，随即起身反砍乙方腰部或手臂。（图3-49～图3-53）

动作要领：甲方需先迅速直刺乙方，由虚刺转下砍时，要快速上步低身，贴身近打，同时也避免乙方的反击。随后起身反砍时，起身与反砍要衔接在一起，发力完整，使乙方防不胜防。整套动作组合发力节奏应当是轻、轻、重，或轻、重、重。

图3-49 直刺—下砍—反砍-1

图3-50 直刺—下砍—反砍-2

图3-51 直刺—下砍—反砍-3

图3-52　直刺—下砍—反砍-4

图3-53　直刺—下砍—反砍-5

三、立劈—正砍—反砍

动作过程： 甲乙短兵相对，甲方上步立劈乙方面门，迫使乙方架挡防守，借乙方架挡之机，回收前臂外旋上步正砍乙方小腿，随即收手，手心向下，反砍乙方肩臂。（图3-54～图3-57）

动作要领： 甲方立劈时，上步迅速，猛而有力；劈转砍时，回收前臂要快，腰部带动手臂，正砍与反砍需紧密结合，做到进攻动作有去有回、有来有往。这是一套轻、重、重，或重、重、重发力的组合，动作与动作的衔接要发力顺达，流畅一体，方可发挥出威力。

图3-54　立劈—正砍—反砍-1

图3-55　立劈—正砍—反砍-2

图3-56　立劈—正砍—反砍-3

图3-57　立劈—正砍—反砍-4

四、剪击—剪击—反砍

动作过程： 甲乙短兵相对，甲方前脚左上步剪击乙方手腕或短兵，转移乙方注意力，随后向右跳步，同时手臂内旋，剪击乙方手腕或短兵，迫使乙方短兵下移，随即收前臂转腰，反砍乙方手臂或腰部。（图3-58～图3-62）

动作要领： 甲方剪击的运用在于手腕的灵活与脚步的敏捷相互协调配合，无论是左上步还是右跳步，角度为身体正中线斜45°即可，意在避开乙方对甲方身体中线的进攻，同时剪腕的力度要大。剪击转砍击时，转腰带臂回收，发力顺整。整套动作左右相结合，发力节奏是轻、重、重相连接，手腕与脚步应灵活、敏捷。

图3-58　剪击—剪击—反砍-1

图3-59　剪击—剪击—反砍-2

图3-60 剪击—剪击—反砍-3

图3-61 剪击—剪击—反砍-4

图3-62 剪击—剪击—反砍-5

五、剪腕—插刺—抡劈

动作过程：甲乙短兵相对，甲方前脚左上步剪击乙方手腕，待乙方做出防守左侧动作时，收脚右跳步插刺乙方胸膛，随即手腕内旋抡劈乙方肩部。（图3–63～图3–68）

动作要领：甲方左侧剪腕与右侧插刺与上一个技术组合动作一样，需要手腕的灵活与脚步的敏捷；插刺时，手臂向内侧旋转，手心向下，手腕与手臂成一个水平线，力达兵端；插刺转抡劈时，短兵贴身划出弧线劈击乙方，腰部发力与手臂发力流畅顺达，做到起于脚，传于腰，催于手，达于兵。整套动作左右相结合，发力节奏应当是轻、重、重或轻、轻、重。

图3–63　剪腕—插刺—抡劈–1

图3–64　剪腕—插刺—抡劈–2

图3-65　剪腕—插刺—抡劈-3

图3-66　剪腕—插刺—抡劈-4

图3-67　剪腕—插刺—抡劈-5

图3-68　剪腕—插刺—抡劈-6

六、点脚—崩腕—刺胸

动作过程：甲乙短兵相对，甲方点击乙方脚面，引诱乙方，待乙方做出反应时，借势上崩乙方手腕，致使乙方短兵上扬，露出躯干，随即上步直刺乙方胸膛。（图3-69～图3-72）

动作要领：甲方低身点击乙方脚面时，只为引诱乙方，即点即走，同时眼睛盯住乙方的动作；上崩时，应顺势起身，手腕上挑发力，前臂带动上臂；刺胸时，上步要快，伸臂刺击要狠，力达兵端，使乙方防不胜防。整套动作的发力节奏应当是轻、重、重。

图3-69　点脚—崩腕—刺胸-1

图3-70　点脚—崩腕—刺胸-2

图3-71　点脚—崩腕—刺胸-3

图3-72　点脚—崩腕—刺胸-4

七、下砍—上刺—横砍

动作过程：甲乙短兵相对，甲方低身下砍乙方前小腿内侧，待乙方做出下盘防守时，随即顺势上刺乙方持短兵手腋下，使乙方无法发力，随后起身，抡臂横砍乙方腰部或肩部。（图3–73～图3–77）

动作要领：甲方低身下砍小腿时要迅猛，发力应当是重力，逼迫乙方做出反应；此时顺势刺击乙方腋下，致使乙方反击不顺，随即收兵砍击乙方，要求转腰带手。整套动作要快、准、狠，发力节奏应当是重、重、重。

图3–73　下砍—上刺—横砍–1

图3–74　下砍—上刺—横砍–2

图3-75 下砍—上刺—横砍-3

图3-76 下砍—上刺—横砍-4

图3-77 下砍—上刺—横砍-5

八、剪腕—斩兵—插刺

动作过程： 甲乙短兵相对，甲方左上步剪击乙方手腕或短兵，转移乙方注意力，随后收脚右跳斩击乙方短兵，待乙方短兵下落，上步插刺乙方胸膛。（图3-78～图3-82）

动作要领： 甲方左上步与右跳步，以身体正中线斜侧45° 即可，要求手腕灵活有力，脚步敏捷沉稳；插刺时，需展开胸膛，拉开手臂，手腕与前臂在一个平面上，转腰带手刺击，力达兵端。整套动作发力节奏应当是轻、重、重。

图3-78　剪腕—斩兵—插刺-1

图3-79　剪腕—斩兵—插刺-2

图3-80　剪腕—斩兵—插刺-3

图3-81　剪腕—斩兵—插刺-4

图3-82　剪腕—斩兵—插刺-5

九、抡劈—抡劈—横砍

动作过程：甲乙短兵相对，甲方先上步正抡劈乙方，紧接反抡劈乙方，迫使乙方短兵上架，露出躯干，随即收手转腰砍击乙方腰部。（图3–83 ~ 图3–88）

动作要领：甲方抡劈时，需先人至，上步快速，动作刚猛，两下抡劈要结合起来，使乙方应接不暇，不敢将短兵下落，随后快速收手，转腰带手进行砍击，速度力度要同时到位。这是一套刚猛的组合动作，发力节奏是重、重、重。

图3–83　抡劈—抡劈—横砍–1

图3–84　抡劈—抡劈—横砍–2

图3-85 抡劈—抡劈—横砍-3

图3-86 抡劈—抡劈—横砍-4

图3-87 抡劈—抡劈—横砍-5

图3-88　抡劈—抡劈—横砍-6

十、撩兵—下砍—抡劈

动作过程：甲乙短兵相对，甲方由下向上反撩乙方短兵，迫使乙方短兵不稳或上扬，随即低身下砍乙方小腿，待乙方短兵回收做出防守时，再起身上步抡劈乙方肩部或头部（规则允许的情况下）。（图3-89～图3-94）

动作要领：甲方撩击时，前臂内旋，虎口向下，撩击乙方短兵的中部或根部，要求短兵与乙方短兵成交叉状，动作的力度、长度要加大。低身下砍与起身抡劈时，身法应与短兵动作衔接在一起，速度与力度应完美结合，完整地将动作击打出来。整套动作组合的发力节奏应当是重、重、重。

图3-89　撩兵—下砍—抡劈-1

图3-90　撩兵—下砍—抡劈-2

图3-91　撩兵—下砍—抡劈-3

图3-92　撩兵—下砍—抡劈-4

图3-93　撩兵—下砍—抡劈-5

图3-94　撩兵—下砍—抡劈-6

第三节　短兵运动防守反击技术分析

防守反击技术，作为实战类项目的重要组成部分，重要性不言而喻。同理，防守反击技术对短兵也是如此。短兵防守反击技术运用得好，一是能保护好自身，不被对手轻易攻击；二是能在对抗中占据优势，获得实战的胜利。

本节从三个方面来分析短兵项目的防守反击技术，分别为接触性防守反击技术的分析、非接触性防守反击技术的分析，以及以攻代防技术的分析，以供学习与参考。

一、接触性防守反击技术分析

（一）格挡—横砍

动作过程：甲乙短兵相对，乙方上步正向刺击甲方胸部或肩部，甲方用短兵中部或根部向左侧（内）格挡，随即迅速下蹲蓄势砍击乙方小腿内侧。（图3-95 ~ 图3-98）

动作要领：甲方格挡时，短兵尖端向上，注意扣腕侧身动作齐整，发力向左后旋带，将乙方力量消解，同时身体向右闪出半个身位，以防万一；下蹲时，低身迅速，砍击刚猛。

图3-95　格挡—横砍-1

图3-96　格挡—横砍-2

图3-97　格挡—横砍-3

图3-98　格挡—横砍-4

（二）格挡—插刺—抡劈

动作过程：甲乙短兵相对。乙方上步刺击甲方胸部或肩膀，甲方用短兵中部或根部向右侧（外）格挡，随即收兵刺击乙方胸膛，待乙方回收短兵防守之即，紧接着上步抡劈乙方肩部或面门。（图3-99～图3-104）

动作要领：甲方格挡时，注意握紧短兵，转腰带手，发力向右后旋带，同时身体向右闪出半个身位，以防万一；刺击时，要做到快、准、狠；不等乙方做出反应，随即上步转动手腕，腰部带动手臂，抡劈乙方。

图3-99　格挡—插刺—抡劈-1

图3-100　格挡—插刺—抡劈-2

图3-101　格挡—插刺—抡劈-3

图3-102 挡—插刺—抡劈-4

图3-103 格挡—插刺—抡劈-5

图3-104 格挡—插刺—抡劈-6

（三）架挡—下砍—直刺

动作过程： 甲乙短兵相对，乙方上步劈击甲方头部，甲方上步正手向上架挡，随即回收低身下砍乙方小腿内侧，待乙方做出防守下盘动作，再回兵上步刺击乙方胸膛。（图3–105 ~ 图3–109）

动作要领： 甲方格挡时，应迅速上步迎架，迫使乙方不好发挥下一个动作，要求身体背弓，头部藏在短兵下方；由架挡转砍腿，转换要突然，不予乙方思考的机会，低身应快速，砍击应刚猛；起身直刺时，要求力达兵端，直刺乙方胸膛。

图3–105　架挡—下砍—直刺–1

图3–106　架挡—下砍—直刺–2

图3-107　架挡—下砍—直刺-3

图3-108　架挡—下砍—直刺-4

图3-109　架挡—下砍—直刺-5

（四）架挡—反砍—正砍

动作过程： 甲乙短兵相对，乙方上步劈击甲方头部，甲方向左前方上步反手架挡，紧接着回兵反砍乙方右侧肩部或腰部，待乙方向做出反应，随即回兵砍击乙方腰部。（图3-110～图3-114）

动作要领： 甲方架挡时，持兵手反手左上步迎架，要求进步靠近乙方身体，迫使乙方短兵不便回救，随即回兵反砍乙方身体，紧接着转腰带兵砍击乙方腰部，不给乙方留任何喘息之机，从头到尾干净利落，一气呵成。这一组反击动作意在击打乙方侧面，出其不意攻其不备，使得乙方防不胜防。

图3-110　架挡—反砍—正砍-1

图3-111　架挡—反砍—正砍-2

图3-112　架挡—反砍—正砍-3

图3-113　架挡—反砍—正砍-4

图3-114　架挡—反砍—正砍-5

（五）截挡—插刺—抡劈

动作过程：甲乙短兵相对，乙方上步砍击甲方小腿，甲方向左侧（内）截挡，随即回手架臂向右跳步插刺乙方胸膛，待乙方做出防守躯干动作，甲方上步抡劈乙方肩膀或头部（规则允许的情况下）。（图3-115～图3-120）

动作要领：甲方截挡时，虎口向下，短兵成斜线，用短兵的根部或者中部截挡，要求转腰推手，发力应向后旋带，将乙方砍击力量弱化；随后回兵跳步需同时，展胸插刺相衔接，力达兵端；刺转抡劈时，转腕带兵转腰，短兵要贴身体内侧划出弧线。

图3-115 截挡—插刺—抡劈-1

图3-116 截挡—插刺—抡劈-2

图3-117　截挡—插刺—抡劈-3

图3-118　截挡—插刺—抡劈-4

图3-119　截挡—插刺—抡劈-5

图3-120　截挡—插刺—抡劈-6

二、非接触性防守反击技术分析

（一）右闪—斩兵—插刺

动作过程：甲乙短兵相对，乙方上步立劈甲方肩膀，甲方移动右闪，进步斩击乙方前臂或短兵，待乙方短兵下落，甲方随即向右跳步，避开乙方身体中线，插刺乙方胸膛。（图3-121 ~ 图3-125）

动作要领：甲方右闪时，向右移动转腰带动肩膀，身体移动时短兵向内侧格挡，以防万一；进步斩兵时，要求速度快、力量大；反砍转插刺时，需迅速向右移动，避开乙方锋芒，走一侧进行插刺。

图3-121　右闪—斩兵—插刺-1

图3-122　右闪—斩兵—插刺-2

图3-123　右闪—斩兵—插刺-3

图3-124　右闪—斩兵—插刺-4

图3-125　右闪—斩兵—插刺-5

（二）左闪—反砍—正砍

动作过程：甲乙短兵相对，乙方上步抡劈甲方，甲方移动左闪至乙方身体右侧面，随即反砍乙方腰部或背部，待乙方回兵反击时，甲方再屈蹲砍击乙方腰部或小腿。（图3-126 ~ 图3-129）

动作要领：甲方左闪时，迅速移动到乙方身体一侧，同时短兵向外格挡，将乙方力量引入身后，迫使乙方不便回收，随即快速反砍乙方；待乙方转身还击时，迅速屈蹲，避开乙方短兵，砍击乙方。要求移动躲闪、反砍、正砍一气呵成，不予乙方反应之机。

图3-126　左闪—反砍—正砍-1

图3-127　左闪—反砍—正砍-2

图3-128 左闪—反砍—正砍-3

图3-129 左闪—反砍—正砍-4

（三）后闪—直刺—横砍

动作过程：甲乙短兵相对，乙方上步直刺甲方胸膛，甲方向后撤步防御，随后上步刺击乙方胸膛，待乙方做出防守躯干动作，再上步低身横砍乙方小腿内侧。（图3-130～图3-134）

动作要领：甲方向后躲闪时，需移动脚步身体向后，同时做出格挡动作，一则有效保护自己，二则便于反击；反击之时，应快速上步直刺乙方胸膛，迫使乙方慌乱回兵防守，紧接着突变上步下俯砍击乙方小腿内侧。此套动作关键在于反击之时，应迅猛有力，使得乙方慌乱防守，随即再顺势直取乙方下盘。

图3-130　后闪—直刺—横砍-1

图3-131　后闪—直刺—横砍-2

图3-132　后闪—直刺—横砍（背面）-3

图3-133　后闪—直刺—横砍（背面）-4

图3-134　后闪—直刺—横砍（背面）-5

（四）下闪—砍腿—插刺

动作过程：甲乙短兵相对，乙方上步砍击甲方腰部，甲方向下屈蹲躲闪，随即顺势上步砍击乙方小腿内侧，待乙方回兵防守，甲方迅速右跳步，避开乙方中线，插刺乙方胸膛。（图3-135 ~ 图3-139）

动作要领：甲方下闪时，迅速屈蹲，手腕握紧短兵，短兵需竖立，一则有利于防守，二则便于反击。顺势砍击乙方小腿，要快、准、狠，逼迫乙方回兵进行下盘防守，随后迅速避开乙方中线，移动至右侧，抬臂展胸，插刺乙方胸膛，将力量渗透至兵端。

图3-135　下闪—砍腿—插刺-1

图3-136　下闪—砍腿—插刺-2

图3-137　下闪—砍腿—插刺-3

图3-138　下闪—砍腿—插刺-4

图3-139　下闪—砍腿—插刺-5

（五）跳闪步—下劈

动作过程：甲乙短兵相对，乙方上步低身砍击甲方小腿内侧，甲方顺势抬腿向左跳步，移至乙方一侧，随即下劈乙方背部。（图3-140 ~ 图3-142）

动作要领：乙方砍击，甲方应快速抬腿跳步移动，不予乙方反应之机，便迅速下劈乙方。这一组防守反击，关键在于“灵、快”，动作出其不意，不给乙方思考时间，剑走偏锋，出奇制胜。此组合训练得当，必在实战中收获意想不到的效果。

图3-140　跳闪步—下劈-1

图3-141　跳闪步—下劈-2

图3-142　跳闪步—下劈-3

三、以攻代防技术分析

（一）斩兵—反砍—插刺

动作过程：甲乙短兵相对，甲方先行上步斩击乙方短兵，斩击力度要大，迫使乙方短兵不稳或下掉，反砍乙方右侧肩膀，待乙方反击之时，迅速向右跳步，插刺乙方胸膛。（图3-143～图3-148）

动作要领：甲乙短兵相对时，甲方要突然上步斩击乙方短兵。

图3-143　斩兵—反砍—插刺-1

图3-144　斩兵—反砍—插刺-2

图3-145　斩兵—反砍—插刺-3

图3-146　斩兵—反砍—插刺-4

图3-147　斩兵—反砍—插刺-5

图3-148　斩兵—反砍—插刺-6

（二）斩兵—横砍—抡劈

动作过程：甲乙短兵相对，甲方先行上步斩击乙方短兵，随即收手转腕，砍击乙方腰部，未待乙方做出反应，再上步抡劈乙方肩膀。（图3-149 ~ 图3-153）

动作要领：甲方上步迅速，斩击凶猛，砍击收手转腕，转腰带臂，抡劈猛而疾速。整套动作气势磅礴，稍加练习，定能发挥威力。

图3-149　斩兵—横砍—抡劈-1

图3-150　斩兵—横砍—抡劈-2

图3-151　斩兵—横砍—抡劈-3

图3-152　斩兵—横砍—抡劈-4

图3-153　斩兵—横砍—抡劈-5

（三）撩兵—直刺—下砍

动作过程：甲乙短兵相对，甲方由右下向上正撩乙方短兵，迫使乙方短兵上扬，随即回兵直刺乙方胸膛，待乙方防守躯干，甲方顺势低身下砍乙方小腿内侧。（图3-154～图3-159）

动作要领：甲方撩击时，手心向上，前臂带动上臂，撩击乙方短兵根部或中部；刺击时，回手出手发力顺畅，力量渗透至兵端，待乙方做出反应，应迅速低身下砍。

图3-154　撩兵—直刺—下砍-1

图3-155　撩兵—直刺—下砍-2

图3-156　撩兵—直刺—下砍-3

图3-157　撩兵—直刺—下砍-4

图3-158　撩兵—直刺—下砍-5

图3-159　撩兵—直刺—下砍-6

（四）撩兵—横砍—直刺—抡劈

动作过程：甲乙短兵相对，甲方由左下向上反撩乙方短兵，迫使乙方短兵上扬，随即转腕砍击乙方腰部，待乙方收兵反击之时，甲方屈蹲直刺乙方胸膛，随后起身上步抡劈乙方肩部。（图3-160～图3-166）

动作要领：甲方撩击时，虎口向下，前臂带动上臂；撩转砍时，转腕转腰带动手臂，力度加大，速度加快；随后收手屈蹲刺击，紧接着起身上步抡劈，要求快速而凶猛，左右上下流畅衔接在一起，使得乙方忙中出乱。

图3-160　撩兵—横砍—直刺—抡劈-1

图3-161　撩兵—横砍—直刺—抡劈-2

图3-162　撩兵—横砍—直刺—抡劈-3

图3-163　撩兵—横砍—直刺—抡劈-4

图3-164　撩兵—横砍—直刺—抡劈-5

图3-165　撩兵—横砍—直刺—抡劈-6

图3-166　撩兵—横砍—直刺—抡劈-7

（五）剪腕—插刺—横砍—抡劈

动作过程：甲乙短兵相对，甲方左前进步剪击乙方手腕，随即右跳步插刺乙方胸膛，待乙方还击之时，甲方横砍乙方腰部，随即上步抡劈乙方肩膀。（图3-167～图3-173）

动作要领：甲方剪腕时，要求上步快、剪腕活，即点即走，意在干扰乙方；随后快速跳步至右侧插刺乙方胸膛，紧接横砍腰部，不等乙方做出反应，随即上步抡劈；抡劈时，转腰带手，短兵贴身体内侧抡出，做到“前手到，后手随”。整套动作发力节奏应当是重、轻、重、重，方位应是左、右、中、上。

图3-167　剪腕—插刺—横砍—抡劈-1

图3-168　剪腕—插刺—横砍—抡劈-2

图3-169　剪腕—插刺—横砍—抡劈-3

图3–170 剪腕—插刺—横砍—抡劈–4

图3–171 剪腕—插刺—横砍—抡劈–5

图3–172 剪腕—插刺—横砍—抡劈–6

图3-173 剪腕—插刺—横砍—抡劈-7

本章思考探索题：

（1）何谓短兵连击技术？

（2）影响连击技术运用的关键因素有哪些？

（3）何谓短兵进攻组合技术？

（4）短兵进攻组合技术的内在规律是什么？

（5）短兵防守反击技术有几种类型？每种类型适用的前提条件是什么？

第四章 短兵运动实战战术分析

第一节 短兵运动技术与战术的辩证关系

短兵技术和短兵战术相辅相成。短兵技术是短兵战术的基础，短兵战术是短兵技术的灵魂。短兵战术的实施是由短兵技术做保证的。没有正确、纯熟的短兵技术，短兵战术只能是空想，无法组成巧妙而灵活的有效性短兵打法。反之，仅有娴熟而正确的短兵技术，但是缺乏战术意识，那也是缺乏灵魂的短兵技术。

在短兵竞技比赛中，既没有纯粹的短兵技术，也没有纯粹的短兵战术，只有交融的短兵技战术。只不过，有的选手显现形态是技术多些战术少些，有的选手显现形态是技术少些战术多些。短兵高手总是能将技战术有机融合并灵活运用，将两者结合得出神入化，变化多端。

短兵的技术训练需要结合短兵的战术进行，做到技术结合战术练，战术融入技术练。从持握短兵伊始，就要注入战术意识训练。技术和战术训练要做到“你中有我，我中有你”，同步进行。如割裂两者，分开单独训练，技术训练相对熟练后再训练战术，如此，必将事倍功半，阻碍短兵选手的技战术能力提高。

技术和战术是贯穿于短兵运动的一个整体，伴随着格斗对抗的整个过程。从短兵技术与战术的训练特点和要求来看，短兵运动中技术与战术的关系是对立统一的辩证关系，是不可分割开来独立讨论的，而是相互依存的。

一、质量互变关系

短兵运动中技术与战术的不断变化内蕴着质量互变规律。技术和战术的存在，都是为了短兵运动的发展而存在的。短兵技术是短兵战术的外在显现形态，短兵战术是短兵技术的灵活运转的内在灵魂。它对指导短兵训练实践，具有着重大的指示性意义。

短兵战术是否娴熟，除了自身战术量变外，还取决于技术的娴熟程度，即技术的质变。也就是说，一个短兵选手要想实现短兵战术质变，既要以战术量变为基础，又要以技术质变为前提。因为单纯的战术量变积累很难获得快速有效的质变结果。同样，一个短兵选手要想实现技术质变（出神入化），也必须在技术量变基础上，融合战术质变。由此可见，短兵技战术的质量互变关系存在两层含义，一是自身的质量互变关系；二是技战术之间的质量互变关系。

二、依赖关系

短兵运动中技术与战术同样也存在着依赖的关系，谁也离不开谁。就短兵技战术训练的逻辑关联而言，在短兵比赛过程中，短兵战术对短兵技术的依赖十分明显。同样，不可否认的是，短兵技术在运用时同样也依赖战术。单纯地追求短兵技术训练，盲目地打实战，或只知拼死力气，绝不是明智之举。结合短兵战术来训练技术，不失为一种有效的短兵技术训练。缺乏战术的短兵技术，在比赛中往往显得单调、僵化，容易被对方攻破。只有根据对手情况，结合短兵战术，扬己之长，避己之短，才能灵活运用技术，限制对方的长处，扩大对方弱点并利用之。可以说，短兵比赛中，技术、战术是融为一体的，只有融合的简单化与复杂化、有效性与无效性之分，而没有不融合的问题。可见，两者是互相依赖的。

三、相辅关系

短兵技术和战术的相辅关系，是针对短兵训练的不同阶段而言的。在短兵技术训练的初期阶段，短兵技术训练不需要渗入过多的战术意识。因为短兵选手在技术训练初期，处于动作泛化阶段，技术动作还没有定型，这时候渗入过多战术意识，容易干扰动作技能提高。但是，也不是说，这一阶段就可以完全不渗入战术，根据选手的实际情况，适度地结合一点最简单的战术意识，不但不会影响技术训练，反而会促使选手更好地理解技术。随着选手短兵技术的提高，必须及时地结合战术训练，深化选手对技术的认识和运用。例如，同样一招下劈的动作，在训练中，应该清楚在不同情况下如何提高劈击的灵活运用。如果一招下劈击中对手怎么办？没有劈击到对手又怎么办？凡是比赛中可能出现的各种情况，都应在训练中给予充分考虑，针对各种情况的变化，设计出相应的针对性训练手段、训练方法，进行反复的模拟训练和实战。

总之，在短兵战术训练时，对于每一种短兵攻防技术招法或组合，都要要求选手，不但要知其一，还要知其二，知其三，明白其背后的技战术原理，进而使短兵技战术在训练中相辅相成，互相促进。

第二节 短兵运动战术原则

短兵战术是指比赛双方为战胜对方而采取的有计划有预谋的行动。也就是说，在短兵比赛中，要根据彼此的境遇，扬长避短，充分发挥自己的长处，限制对方的长处，以自己的优势攻克对方的劣势，为战胜对手而采取合理有效的计谋和行动，这就是短兵战术。

短兵战术是短兵运动的灵魂。在现代的短兵运动竞赛中，将短兵战术的高度计划性与出色的创造性有机地高度融合，已成为决定短兵比赛结果的重要因素。

在对抗激烈的一对一短兵格斗中，始终贯穿着发挥与反发挥、限制与反限制的激烈较量；比赛双方通过合理有效的战术行动来实现，力争主动，争取胜利的目的。一方面，扬己之长，避己之短，即充分发挥自己的优点，弥补自己的不足；另一方面，抑彼之长，攻彼之短，即限制对方的长处，扩大其弱点并利用。

自古以来，兵家均以谋为本。明代刘伯温在《百战奇略》中说："用兵之道，以计为首""若不计而进，不谋而战，则必为敌人所败矣"。《晋书·杜预传》中说："以计代战，一当万。"我国兵法中不朽的军事战术思想为短兵战术的理论、训练提供了相当丰富的素材。

短兵战术的形成与运用是建立在一定的身体、技术、心理基础上的。而短兵战术能把运动员获得的身体、技术、心理等方面的能力，根据比赛情况合理运用和充分发挥。在与对手身体、技术、心理等能力基本相当的情况下，战术经常在取胜中有至关重要的作用。

由此可以看出，短兵战术有利于运动员思维水平的提高，在这种斗智的过程中有利于智能的发展。一个合理正确的短兵战术，能充分发挥自己的身体、技术、心理的潜能，抑制对手的发挥，扰乱对手心理状态，分散对手的注意力，破坏对手的战术意图，削弱其斗志，使其丧失战斗力，导致其失误而最后失败。

一、短兵运动战术的基本要素

在短兵比赛中，短兵战术主要由五个基本要素组成，短兵战术要素的影响与作用贯穿于整个短兵竞技活动的过程。

（一）短兵运动战术指导思想

战术指导思想是教练员和运动员在制订训练和比赛战术计划方案时的主导思想、基本原则和方针策略，是教练员和运动员对短兵运动项目规律认识的客观反映。一名运动员的战术指导思想的确立会直接影响该运动员的技能训练，战术计划方案以及思想作风培养和身体训练重点的制订等，并且直接决定着该运动员自身独特风格的形成。战术指导思想确立的依据：一是对短兵运动发展规律和发展趋势的正确认识；二是对运动员与同级别对手的具体情况的正确分析；三是对比赛任务目标的正确确立。三者互为倚重，缺一不可。

（二）短兵运动战术风格

短兵战术风格，是运动员在比赛中运用战术时所表现出来的与众不同的特色。具体表现在技战术特点、身体素质特点、心理特点及个人与众不同的性格等。短兵战术风格的形成取决于运动员本人的气质性格、身体条件、技术特长和战术素养。另外，教练员的性格特征及训练风格等，也是影响运动员短兵战术风格形成的不可忽视的重要因素。战术风格与竞赛能力、制胜条件有密切关系。就战术指导思想与战术风格而言，战术指导思想是战术风格的灵魂，而战术风格又是战术行动的基础。

（三）短兵运动战术意识

在《现代汉语词典》中，对“意识”的解释是：“意识是人的头脑对于客观物质世界的反映，是感觉、思维等各种心理过程的总和。”短兵战术意识是运动员在短兵比赛中，观察、分析、判断对方的企图和行动，从而采取正确有效行动的思维活动。战术意识的内容包括：清醒的头脑、敏锐的反应力、准确的判断力，以及良好的心理品质和丰富的技战术体验等。战术意识的培养受战术风格的制约和影响，并且决定着战术打法。

（四）短兵运动战术打法

短兵战术打法是指在短兵竞技中，运动员为实现某种战术意图而采取具体的战术活动表现方式，也是战术技巧和方法的综合运用。不同的短兵战术风格决定了不同的短兵战术打法，短兵战术风格是短兵战术打法的内核。往往需要根据短兵运动员的个人风格来决定具体的战术打法。例如，擅长打强攻战术的短兵运动员，其表现的打法是积极主动进攻。

（五）短兵运动战术技巧

短兵战术技巧是指含有战术企图的技术运用，是一种巧妙的技能。短兵战术技巧存在于短兵战术打法和短兵技术动作中，短兵打法不同，则短兵战术技巧的运用也不尽相同。短兵战术打法是实施短兵战术技巧的具体方法手段，是战术企图的体现，是运动员实施战术目的的直接运用。短兵战术技巧紧密依托于短兵运动技术。

二、短兵运动战术的基本要求

（一）短兵运动战术的选择

短兵进攻或防守是战术运用的一个具体体现，一种短兵进攻战术或防守是否可行，往往在短兵比赛中的开始阶段就可得到证明。开始阶段的短兵进攻或防守反击产生效果，短兵战术才能继续发展下去，如果开始阶段就遭到挫折，没有及时地根据情况变化，一味地继续蛮干下去，这样就容易给对手留下可乘之机，甚至遭到对手致命的打击。

无论是短兵进攻还是短兵防御，都应根据对手情况来选择自己的战术。一般来说，性格外向的活泼型对手，在比赛中往往积极主动，善于不断进攻。

对付这样的对手时，一般多采用先防守或者假动作引诱对手，在防守之后给予反击，也就是常说的打防守反击，或者抢攻。性格内向的温和型对手，在比赛中通常不会轻举妄动，多打防守反击。遇到这样的对手，一般多采用佯攻为主，虚实结合，待他防守漏出破绽时给予打击。体能见长的猛冲猛打型对手，在比赛中往往主张强调进攻。对付这样的对手，一般多采用积极防御的战术，避开对手锋芒，消耗对方体力，并多打防守反击。同时要记住，不能给对手在进攻中有任何调整休息的机会。

总之，短兵比赛要根据自己和对手的情况，灵活运用各种战术，主动得分。有效的比对手多得分是短兵比赛中获胜的重要因素。

（二）短兵运动进攻位置

短兵比赛一般在直径9米的圆形台上。场地的警戒线与边线相距1米。运动员台上应占据什么位置，这在比赛中具有重要意义。短兵选手一般应占据台中央，这样无论是选择进攻，还是选择防守都比较有利。因为在短兵比赛中，开始就占据台中央，进攻可以选择从正面和两侧进攻，防守可以向后或左右两侧转移。

总之，短兵比赛中除了有意打战术之外，还应尽量避免靠近警戒线。一旦靠近警戒线，正面出路往往容易被对方堵住，很容易出界。相反，在短兵比赛中，要想方设法把对手逼近警戒线，造成对手被动，然后实施进攻。

（三）短兵运动进攻时机

在短兵比赛中，如果对手不在自己的有效攻击距离之内，那么就需要创造并把握一些进攻的机会。

一般来说，当对手身体移动时或重心失去平衡时，他们都会暴露出可以攻击的部位。选手一旦抓住这个进攻时机，往往让对手无力及时还击，同时也无法组织有效的防守，处在非常被动的挨打局面。

当对手采取有效防守姿势时，不可采取盲目地单刀直入式进攻。必须多采用佯攻，或者以虚为主的试探性进攻，破坏对手有效防守后，再施予进攻，否则容易遭到对手有力的防守反击。

在短兵比赛中，一旦发现对手有以下情况出现时，应及时地、精准地实施有效进攻：

①发现对手防守上有弱点时；

②发现对手精神状态松懈时；

③对手身体重心失去平衡时；

④对手散漫地移动时；

⑤对手短兵击打落空时；

⑥对手短兵进攻回收时；

⑦对手被逼近警戒线时；

⑧对手明显的体力下降或者透支时；

⑨对手出现疲乏现象时；

⑩对手受短兵击打且迟疑时；

⑪对手受短兵重击打倒地，随后起立比赛开始时；

⑫短兵比赛每个回合快要结束时。

三、短兵运动战术的原则

（一）控制与反控制原则

短兵双方运动员在赛场上扬己之长、抑彼之长，实质上是一种控制与反控制的关系。在赛前和赛中的“知己知彼”，也是为了控制与反控制而服务，即想办法控制对方而不被对方控制。比赛过程中，谁发挥了自己的长处而抑制住对手长处的发挥，谁就会占有场上的主动权。例如，赛前甲了解到乙擅长劈技，而用擅长刺技。于是，开赛后甲并不急于首先使用刺技进攻，而是使用格挡破坏对方的劈技进攻后再施展凌厉的刺法。这样成功几次后，乙便不敢再使用劈法这一技术特长了。于是，甲方控制住了乙方的长处，占有了场上的主动权。控制与反控制原则，实际上是短兵比赛最基本的战术原则。

（二）攻防平衡原则

攻与防是短兵技击的本质特征，也是短兵竞赛的主要矛盾。在短兵比赛过程中，既不存在无防的攻，也不存在无攻的防。只有做到攻中有防，防中有攻，攻防兼备，才能在双方激烈的对抗中临危不乱，处险不惊，保持整场比赛的合理节奏，并抓住有利时机重创对手或得分。

对短兵攻防平衡原则应有一个正确的理解。例如，面对强手时，应加强防守，在防守中进攻，以防守反击为主；面对较弱的对手时，应积极进攻，做到攻中有防，以主动进攻为主；而当棋逢对手时，则应进攻有序，防守稳妥，做到攻防兼顾。从动态的总体上来看，攻与防是平衡的。

（三）相生相克原则

短兵运动的任何一种技术都不是万能的，总有长处和短处，而且总会有另一种技术可以克制它的发挥。例如，直刺技术虽然使用时距离短、速度快，但是毕竟进攻目标只是一个点，容易让对方躲过；弧线技术虽然力量大，进攻面也广，但是毕竟路线长，容易让对方防守反击。因此，在设计战术时，要在知己知彼的基础上，善于运用短兵技术相生相克的原理，采用一定的技术制约对手优势技术的发挥，占有场上的主动权。这也是为控制和反控制服务的。

（四）灵活多变原则

无论短兵赛前设计的短兵战术有多么详细和周密，永远都跟不上赛场情况的实时变化。 如果比赛中固守一种单一战术，很容易让对方摸到规律而陷入被动挨打的局面。因此，设计战术时，需要在知己知彼的基础上，尽可能周全地考虑对方战术情况。如果比赛中自己的战术意图被对方识破，自己应该如何根据对方战术情况及时灵活地调整自己的战术等。换句话说，要想做到比赛中战术灵活多变，在平时训练中，就要多设计几套战术组合加以演练，甚至模拟比赛场上各种情况的发生，创作新的战术组合打法进行训练，以备不时之需。这样，方可在比赛中，最大限度地适应对手，并给其造成强大的心理冲击，从而取得赛场的主动权。

需要切记的是，短兵战术设计的灵活多变是以针对性和实效性为基准的，力戒华而不实。

第三节　短兵运动战术打法

一、比分领先情况下的战术打法

在比赛中，当一方比分处于领先位置，而所剩比赛时间又不多的时候，可以采用如下战术打法。

（一）防守反击战术打法

防守反击战术打法是指在一方发起进攻动作之后，另一方采取在防守过程中给予对方反击的战术打法。防守反击战术打法是后发制人的攻击，一次反击行动由准备、防守、攻击和结束四个环节构成。短兵格斗是格斗双方不断地解决攻防转换矛盾的过程，双方都试图有效破坏对方的攻或防，从而打破攻防平衡，占据先机。

因此，从攻防转换角度，短兵防守反击战术可以分为抢先反击（迎击）、以反代防、防后反击和调动反击。一次反击可能采用单次击打的攻击，也可能采用多次击打的攻击。反击战术的目的是瓦解对手的进攻，同时去攻击对手的空当而得分，使用的技术手段是防守法。无准备的反击是被动的，针对利用“圈套”与“陷阱”引诱和调动出来的进攻而实施的反击就是主动运用反击战术。实战中，防守有时候是被动的，但是并非全部被动，更多情况下，应理解为是一种积极的、主动的防守，结合佯攻动作，有目的地引诱对方出击，然后根据具体情况，灵活地运用防守反击。

反击战术分为抢先反击（迎击）、以反代防、防后反击、调动反击。

1. 抢先反击（迎击）

抢先反击也称迎击，是在对方进攻起动的瞬间我方迅速进行的攻击。抢先反击是在对手向我方进攻靠近的过程中，进攻还没有形成或将要形成的瞬间完成的。它具有后发先至的特点。抢先反击一般是原地使用攻击技术。这种反击方式的主要结构是准备、攻击和结束。

使用抢先反击需要迅速准确的反应和干净利落的进攻技术动作。当对方真正的攻击发动之时，我方攻击就要开始，否则就失去了时机。相对其他战术方式，抢先反击成功需要选手具有快速反应能力。抢先反击能够抑制对方的进攻，使对方难以形成完整的进攻，其一旦成功，往往会取得较好的打击效果。

2. 以反代防

“彼不动，我不动，彼一动，我先动。”我方的防守和攻击近乎同时完成。特点是防守环节和攻击环节叠加起来。弱点是存在风险，可能会承受对方的攻击。这种方式具有后发先至的特点。因为对方在攻击时往往防守能力较弱，同时反击容易奏效。如前文非接触性防守反击技术分析中的“跳闪步—下劈”组合动作。

3. 防后反击

防后反击是指先防守对方的攻击然后再反击对方，在对方进攻结束瞬间我方开始进行攻击。防后反击具有后发后至的特点，它包括了准备、防守、攻击、结束四个环节，是最典型的反击。采用这种反击方法应注意防守和反击要紧密相连，快速及时完成反击，避免对方逃跑或连击。

4. 调动反击

调动反击是指使用佯攻手段把对方的攻击动作引诱出来，然后进行反击，俗称“调打”。它属于折返式打法，先原地或向前移动，随之向后移动，最后向前攻击。包括准备引诱、防守、攻击、结束四个环节。这种反击主要用于克制反击型选手。

（二）迂回战术打法

迂回是指利用步法的移动从侧面进攻的战术打法。

对方进攻时，我方通过灵活的步法、格挡和身形闪躲，向后面或侧面移动，避开对方的攻击，并与对方保持安全距离。如果对方不进攻，我方则与对方保持相持状态。这种策略一般在得分领先对手，并且其连击能力相对较弱时使用。使用时要注意避免出现消极比赛和犯规。

二、比分落后情况下的战术打法

（一）重击战术打法

重击战术打法是指在比赛中，集中力量击打对手薄弱部位，给对手予以重创，使其失去比赛战斗力的战术打法。

在比赛中，如果一方比分落后于对手，所剩比赛时间也不多，自己又具备重创对手的击打能力，那么在规则允许的范围内，寻找并制造机会，用短兵击打对手薄弱部位，重创对手，使其身体、心理受到震动、威慑，失去继续比赛的信心和能力。

实施重击战术打法的前提，一是自己的短兵进攻技法要有较强的攻击力；二是要准确、果断、迅速和有力的击打对手抗击打能力差的部位，但是这种击打是在规则允许范围内的技法和部位，而不是故意伤人，违反体育道德精神。

（二）强逼进攻战术打法

此处的强逼进攻战术打法是指在比赛中，一方比分落后，所剩比赛时间也不多的情况下，利用强逼战术，抢比赛时间，抢比赛得分，争取赢得比赛的战术打法。

强逼进攻战术打法是一种主动性进攻的战术打法。比赛场上，强逼进攻战术打法不管采用什么方式手段，其过程就是迫使对手始终处于被动的不利状态。比赛场上通常表现为积极主动、凶狠果断、以势压人，紧逼进攻。一般来说，强逼进攻者要理智、清醒地根据当时场上自己的竞技能力、对手的情况、战术特点等情况，随机应变地采取行动，真假进攻相结合，强逼对手而取得有利的进攻距离和时间区段，要夺取场上的主动权，选择进攻部位或防守还击手段，决不放过场上可能出现的任何得分机会。

需要注意的是，比分落后的时候，采用强逼战术打法，比分落后者必须保持准确进攻距离和时间区段，既要敢于接近对手并连续控制对手，迫使对手始终处于不利的被动状态，进而得分，又要防止草率地强攻对手，被对手抓住战机，进而得分，或者被对手重击。

三、应对不同类型对手的战术打法

（一）应对高个子对手的战术打法

高个子腿长、手臂长，手持短兵臂伸展距离大、步幅大、攻击距离远，这是高个子的有利条件。但是，高个子也有不利因素，如重心高、动作幅度大、易失平衡、动作比较慢等。当遇到高个子对手时不必惧怕，应该淡定从容，冷静应对。

对付高个子的一般打法：

①严密保护头部，当对方使短兵平刺时，突然下闪，用横砍击打对方下盘；或者左右躲闪，剪击对方腕部，使其短兵落地。因为对手的手臂比较长，要避免用直线正面刺击。

②当对方劈击时，就迫近架挡其短兵，然后劈击对方头部或腿部。

③采用灵活步法，在对手进攻反击失效或注意力分散时，迅速接近并连击对手。攻击结束后，要迅速与其拉开距离，使自己处于安全位置。

④利用假动作调动对手，然后迅速接近并展开攻击。

⑤同一级别中，身高特别突出的选手，一般体能都较差，再加上动作幅度大，每次动作消耗的能量都比一般人多。所以比赛开始就要加快动作节奏和攻防节奏，先消耗对方体能，然后利用合理的战术去战胜对手。

⑥身高腿长的选手大多擅长刺、劈技术。防守时应多使用步法进行左右闪躲。

（二）应对矮个子对手的战术打法

身材矮小的对手，在同级别短兵对手中，往往具有动作灵活、体能较好、短兵击打出击速度快的特点。他们常常喜欢近距离连击的短兵战术打法。

因此，对付矮个子对手，关键是控制距离，在中、远距离重创对手，得分取胜。比赛中，要与矮个子对手拉开距离作战，防止其突然靠近。在对手向前接近时，我方迅速直接用刺、点、劈等技术控制距离，力争在中、远距离发动进攻得分，得分后，迅速撤离到对手短兵击打不到的安全距离。若对手发动猛攻，可采用直接迎击，使其不能靠近，或运用敏捷的步法闪躲，避开锋芒，寻找时机，给予有力反击。切记，面对矮个子对手猛攻，千万不要消极被动的逃离，否则容易导致比赛失败。

（三）应对主动进攻对手的战术打法

善于主动进攻的对手一般分两种：一种是短兵技术好，体能好，速度快，攻击力强的对手。其主打进攻的目的是企图压制对手技战术发挥，以求速战速决；一种是新手，没有比赛经验，但是体能好。其主动进攻目的是通过猛攻猛打，获得气势优势，或者打乱对手技战术部署，想乱中取胜。一般来说，这类猛抽猛打的新手，其短兵技术不会太精湛，多是想凭借良好的体力，猛冲猛打，以点数制胜。对付这样的新手，多采用向左或向右转移的方法，避开其锋芒。

与这类主动进攻对手比赛，尽量避免与对手正面的硬拼，要沉着应对，一般采用如下战术打法：

①比赛时，面对主动进攻对手，要沉着，防守严密，尽量避免与对手正面的拼打。同时可以采用直线型的刺技抢先进攻，遏制对手进攻；或者引进落空，打防守反击。

②要将步法的灵活移动和抢攻相结合。通过灵活的步法与对手保持在中、远距离，密切洞察和分析对手的攻击意图和招法，判断要准、反应要快，待对手出击时迅速运用刺技、点技等技法抢攻，破坏对手的进攻，不给对手合适的攻击条件。尤其当对手精力分散或转换位置时，一定要采用抢攻的方法强力攻击对手。

③对付新手，可以以逸待劳并伺机重创，或通过快速多变的步法躲闪，避开攻击，消耗其体力，捕捉和把握战机，适时予以连续的反击。

（四）应对擅长防守反击对手的战术打法

善于运用防守反击这种战术打法的对手，一般具有防守严密，反应快，反击速度快的特点。在比赛中，他们往往步法灵活多变，善于控制距离，善于用假动作迷惑、干扰对手，善于观察对手进攻方法并能迅速找出对手的漏洞。可以说，他们的防守能力强，闪躲技巧和还击技术都比较突出。

应对这类选手可用以下方法：

①可用假进攻的方法，诱使其做出反击动作，然后快速攻击对手。

②将真正攻击和假攻击结合起来，让对手难以判断真假虚实。

③抢攻后迅速移开或靠近，使其反击落空。

④用连击进攻获得更多的得分。如丢一分换两分的打法，丢一分换多分的打法等。保证在一个攻防组合中，比对手使用的技法次数多而得分多，或通过击打得分，获取比对手多的得分。

（五）应对左撇子对手的战术打法

左撇子对手，是指左手力量大的运动员，在比赛中，左撇子对手通常左手持兵放在前面，成左手、左腿在前的左实战姿势，其进攻与反击的打法明显区别于右实战姿势的运动员。其特点是擅用左手“重击”。针对左撇子对手的战术策略是，尽量在对手的身体左侧与其对抗；控制在交锋时身体所处的位置与双方距离，掌握主动权，营造利于自己习惯性打法的态势。

实战交锋时，如双方都暴露了正面的要害部位，要注意把握距离与角度变化的先机，运用机动灵活、快速敏捷的步法向对手的左侧迂回，捕捉进攻的战机和有效避开对手的重击。

四、短兵运动实战中常见的具体战术

（一）心理战术

比赛开始前，利用情绪、动作和表情等震慑对手；比赛中，用气势压倒对手或利用规则允许和基本允许的各种手段，干扰对方情绪，给对方造成心理负担，使对手技能战术发挥失常，挫伤对方的锐气，发挥自己的优势，在气势上战胜对方。

（二）破坏战术

比赛时，使用技术破坏对手技术，控制其动作发挥，使对方进攻无效并且消耗体力，丧失信心，导致比赛的失败。例如，对付对手刺技，利用短兵的斩技，击落对方短兵，往往让对手出其不意，丧失信心。

（三）先得分战术

比赛时利用对方立足未稳或未适应比赛的机会，主动先得分。然后，立刻转入防守，以静制动，利用防守反击战术与对方对抗，既节省体力，又能得分。

（四）防守反击战术

比赛时利用防守好的特点，在防守的基础上利用反击技术击打对方。

（五）抢分战术

比赛中得分落后的情况下，利用各种手段有效地组织进攻，力争得分。这种情况下，要主动出击，不能与对方静耗或纠缠，要打破对方的保分意图，以动制静。

（六）体力战术

对于耐力好的运动员来说，要充分发挥体力好的优势，让对手和自己一直处于运动之中，与对方比拼体力，消耗对方的体力而战胜对手。

（七）规则战术

在短兵比赛中，规则有对击打部位和进攻方法的限制，但也有规则限制模糊的地方，可以利用规则允许或基本允许使用的各种制胜办法攻击对手，也可以利用规则寻找机会。

（八）场地区域战术

场地区域战术是根据自己及对手所处的区域和位置，选择和运用技术的方法。短兵场地可以划分为边区域和中央区域。处于边区域时，运动员左右移动会形成一定的限制，前后移动会受到对手和边界的限制。而处在中央区域时，运动员受到的移动限制就很少。

（九）抢攻战术

这一战术是对付防守能力强并善于运用防守反击和反攻的对手。采用这一战术的运动员，其步伐要灵活，攻守转换要快，防守能力要强，且善于近距离作战。实战中首先要用真、假强攻来逼近对手，不断给对手造成威胁和心理上的压力，制约对手发挥特长，再以不同的假动作，如上步过大、抬臂、进攻速度慢、预兆太大等，提供给对手进行强攻和返攻的假时机，再诱导对手持兵出击，从而进行拦截或防守反击。

（十）佯攻战术

佯攻战术是指有目的给对方错觉，以假乱真，把对方引入歧途，实现真实进攻的战术。短兵的佯攻战术有以下4种：

1. 假进攻接真进攻

这一战术是运动员在比赛中采用最多、最普遍且无须计划的战术。在比赛中，这一战术主要通过不同的假进攻来引诱对手做各种防守，再用各种不同形式的移动有效地攻击对手。

这种战术中的假进攻行动并非是单纯的假，而是要真假结合，在距离、时机有利的情况下，假进攻可转化为真进攻。用假进攻动作，作为掩护手段时动作要逼真，距离和深度要恰当，能诱骗对手，这样才能有战术上的随机性。

2. 假进攻接反还击

这一战术用于对付擅长防守反击的对手。这种类型的对手判断能力、距离感、防守还击能力较强，且动作简单准确。运用这一战术，也可投其所好，将计就计。

首先应使假动作逼真，在距离上要有威胁，尤其是假进攻时的深度给对手造成必防的程度。对付防守反击时不要消极后退，对付防守反击动作要在对手还击动作刚刚出兵时完成。从假进攻开始到完成要在一个完整的加速度过程中进行。反还击动作的完成要简单快速。

3. 假防守转换

这一战术是利用防守作为掩护手段，结合攻、防、反形成的战术体系。防守转换战术有假防守变真防守、假防守变进攻、假防守变反攻。

运用这一战术，要根据对手的特点，选择动作组合。防守技术与其他技术结合运用，并在一个节拍中完成。防守和距离变换同时进行。假防守动作要突然、逼真、刺激对手的反应，迫使对手在动作选择上犹豫或单一。

假防守转移战术在后退中或在向前进攻中被广泛使用，假防守动作可在向后、急停、向前的运动中运用。但是要用其他动作突然地去刺激对手的反应，并根据对手的不同反应，采用不同的对策及攻击动作。

4. 假反攻转换

这一战术是利用反攻作为掩护手段和直接得分手段结合运用，并在获取战术时机后转换为其他动作进行进攻或防守。反攻转换战术有假反攻变真反攻、假反攻变防守、假反攻变进攻。

运用这一战术，首先要使假进攻动作逼真，距离要保持好，准确预判对手是前进还是原地急停、后退，是防守还是进攻及其距离深度和时间区段。预计、判断对手作出反应时，自己做出的动作、距离的深度和掌握的时机要恰当。

（十一）兵线转换战术

兵线运用时要求肩、臂、短兵成一条直线，对准对手的有效部位，给予对手连续的威胁。兵线战术可以作为直接得分手段，也可以作为掩护手段，配合其他攻、防、反技术动作，构成兵线转换战术。

兵线战术主要对付紧逼抢攻型的对手。这种抢攻型的对手，有强烈的进攻意识，进攻能力强、速度快、深度大、来势凶猛，很有威胁，但在进攻时的防御意识较弱。运用兵线来制约对手的紧逼，以缓冲对手的进攻速度，同时在对手做破坏兵线的行动时可以摆脱刺击、对抗刺击或利用兵线做掩护转换为反攻、防守还击、反击打还击等系列组合战术。

（十二）近战战术

近战是双方身体几乎到了冲撞的程度而纠缠在一起。有意者是因在交锋中失去了攻击和防守的条件，处在被动境地时有意贴近对手与对手纠缠在一起，以求安全，并促使裁判叫停，求得尽快收兵重新交锋；这一战术有时是运动员为避开对手有利的攻击角度而采取的靠近战术；有时是双方运动员同时向前无意中形成的。这些都需要运动员具备在这种距离中的战术意识，并正确地掌握在这样距离下的大角度进击方法，才能适应这一战术。

近战要注意以下问题：近战中短兵的接触频繁、速度快、变形动作多，身体姿势位置也随之变换，并接近冲撞，对动作不宜区分，很难裁判；所用动作难成系统和归类区分；平时被掩护不易击中的各部位暴露出来，成为进攻有利区域和角度；身体姿势变换作用大，不仅要配合防守，还要配合攻击的动作；动作要慎重，严格控制兵尖，瞄准比伸臂更重要，避免击滑、贴兵，要冷静轻击；要先抢占有利位置；接近后不能退出只能顶住，否则将会给对手提供攻击的机会，要有认清近战局势的特殊能力；身体姿势的高低和两脚间的距离要随对手有效部位位置的变化而变化，可将身体移向对手身体的上、下、侧面，绝对不能正对对手兵尖；攻击的动作大多为角度击、交叉击、压兵击、抽兵击等。

（十三）对攻转换

这一战术是指双方同时发动进攻的瞬间，一方运动员利用步法、身体、节奏的变化，转换成防守、反攻、跟进进攻等打法。

运用这一战术，主要要求意图隐蔽、动作转换及时、真与假的动作运用自如。在对攻中，首先要使对手在判断上产生失误，动作上产生错误，然后根据其错误的判断和动作来采取相应的对策。

对攻转换战术是短兵比赛中战术运用的核心。在短兵比赛中，为了力争主动，一开始双方就处在较近距离的激烈对峙中，每一分的得失都是围绕着对攻展开的。因此，对技术的掌握要全面准确，攻、防、反的动作运用自如、有效。对攻转换战术可自成体系，几种形式既可单独使用，也可以灵活组合运用。根据短兵的有效部位，在技术运用中，主要选择劈击头部、前臂的内外侧。步法的配合可以改变步幅的大小，节奏的快慢，但要隐蔽。在短兵比赛中，根据自己的风格、习惯、临场状态和自身技战术特点，有的放矢地去运用。

本章思考探索题：

（1）阐述短兵运动技术与战术之间的辩证关系。

（2）短兵运动战术基本要素包括哪些？

（3）短兵运动战术的基本要求是什么？

（4）短兵运动战术的基本打法有哪些？

（5）如何辩证地理解短兵运动基本战术打法？

第五章　短兵运动基本教学训练原则与方法

第一节　短兵运动基本教学原则

一、技术递进教学原则

技术递进原则是指根据短兵技术层次间的特点，在技术上结合学生和教学条件的实际情况，遵循由易到难、由简到繁、层层递进、环环相扣的原则开展短兵教学。金字塔历经千年的风雨而屹立不倒，其稳固来源于基层结构的合力。如果将短兵技术教学比喻为一个金字塔，要确保其稳定性，那么高层次的短兵技术教学应以短兵基本技术教学为依托进行进阶，基本的技术教学越是扎实稳固，在技术教学的高级阶段才能游刃有余，否则，就会有陷入基础不牢、地动山摇的“塌方”风险之中。所以，为了保障学生对短兵技术掌握的稳定性及课程体系的科学性，在贯彻技术递进教学原则时，教师需从以下两个方面进行着手准备并执行：

（一）制订科学的课程目标纲要和教学计划

在教师充分吃透教材并且完全掌握、理解短兵技术内容体系的前提下，首先，根据短兵技术内在规律、短兵教学阶段及教学对象、场地等实际情况，设定合理、科学的短兵课程教学目标，制订切实可行的教学进度计划，对教学内容的顺序进行科学的排列，使短兵技术教学计划和目标具有层次鲜明的递进关系。其次，围绕短兵教学目标和计划，选择针对性的教学手段和方法。只有选择针对性的教学手段和方法，学生的短兵技术水平才会逐渐提高，课程目标才能逐步实现。需要明确的是，短兵教学绝非随心所欲，或自由发挥之举。否则，将会把短兵教学活动推入混乱的境地。

（二）每节课内容，该讲的必讲，不该讲的不讲

所谓“该讲的”是指依据课程目标进度计划，教师在课堂教学中，针对课堂目标、教案设计，结合学生学练掌握情况，严格把控教学步骤进度，将预计内容分步骤、有目的地传授给学生。所谓“不该讲的”，是指非课程目标或非课堂目标之内的内容，通俗理解，就是“超纲”内容不要出现在课堂当中，可以适当引申，但要点到为止。同时也不要不分教学阶段，眉毛胡子一把抓，一下子给学生传授很多短兵知识。例如，对于初学短兵“砍技”的零基础学生，假设需要上两节技术教学课，第一节课讲解的短兵“砍技”内容、教学手段和方法等肯定要与第二节课有所区别，并且有进阶性和挑战度。这是教师必须要把握好的。第一节课纯短兵的“砍技”学习就没有必要讲进攻，更没有必要渗入战术。所以，第一节课“砍技”的技术要领和动作路线、击打点等，就属于“该讲的”范畴；短兵“砍技”防守就属于“不该讲的”范畴。

总之，在短兵教学中，教师对“该讲的必讲，不该讲的不讲”所体现出的递进教学原则把握，需要根据教学对象的可接受性和应具有的承受能力、理解能力及课程计划等实际情况，灵活运用，而不是一成不变的。俗话说：“教有常法，教无定法，贵在得法。”

二、直观性原则

直观性原则，是指在短兵教学过程中，对于任何一招短兵攻防动作，任何一个短兵战术组合，都要让学生看得清楚，想得明白，进而对短兵教学内容建立正确的认识，并领会其要领，学会灵活运用。譬如，在新授短兵技术内容教学时，教师首先要通过完整的动作示范帮助学生认识新内容，学生站在不同的视角观察教师的示范或教师进行不同示范面的动作展示，都能帮助学生建立一个直观的、立体的动作表象。再如，在纠正局部动作时，教师通过模仿学生短兵技术动作，让学生有个直观的对比，将正确的动作与有待完善的动作呈现在学生面前，能够更好地帮助学生完善相应动作。只有不断地接受正确无误的技术教学，才会为日后技术水平的不断提高奠定一个坚实牢靠的基础。教学的直观性应伴随着教学的始终。

教师在教学过程中应用和实施直观性原则，一般应遵循以下三个要点：

（一）示范要正确、规范

教师作为“传道、授业、解惑”的先知者，应“以其昭昭，使人昭昭”。这就要求教师的示范动作必须是正确且规范的。只有规范的动作演示，才能给学生以正确的认识，才能建立正确的技术表象。在保证动作示范的正确性和规范性的基础上，再加以直观形象的语言讲解以及必要的情感投入，更能加深学生的认识。譬如，在讲解中，教师要讲出动作基本过程、动作起止点及准确的动作要领，并将这些内容通过正确示范体现出来，势必能达到事半功倍的效果。俗话说：“成功的示范是教学成功的源泉。”

当然，对短兵教学中示范的理解不可单一化、教条化。短兵教学动作示范一般包括教师动作示范，但是不限于教师动作示范，还可以是学生的动作示范、动作图片、影像等。只不过，对初学者而言，教师现场的示范最为直接、最为直观。

（二）学生间相互观摩

短兵教学中，教师的动作示范是直观教学的第一前提，也是必须的不可或缺的教学手段。除此之外，教师还可以挑出一些短兵技术掌握较好的学生作为教学骨干或教学助理，根据教学实际进程来进行有针对性的示范。通过这种同辈示范教学，提升学生对短兵技术动作正确与错误的辨识能力。甚至还可以让学生互相研讨并指正，进而建立正确的动作概念。可见，同辈示范直观教学，是加深学生对动作正确理解和认识深度的有效方式。

另外，短兵教学中，直观性教学原则的运用还可以是，让学生对镜练习，自我观察、自我检验。总之，运用互相观摩的教学手段，有利于进一步加深直观教学，提升教学效果。

（三）要运用现代化科技手段

运用现代化科技手段服务教学是现代教学发展的一大趋势。在短兵教学中，运用现代化科技手段至少有两大益处，一是现代化科技手段的运用，可以扩大学术视野，在了解短兵的基础上，增进对科技的理解；二是现代化科技手段可以弥补教师或学生现场示范中无法展示的动作细节。或者说，现代化科技手段可以展示教师或学生示范中无法滞留在空中的一些动作等。

教师在运用现代化科技手段时，首要是备课。备课包括，首先，了解所运用的现代化科技手段功能；其次，筛选现代化科技手段可以展示的教学内容；再次，将筛选出的短兵教学内容，进行必要的现代化科技手段处理，形成科技化的教学内容；再次，根据教学的不同环节，不同情况，有针对性地运用科技化的教学内容。譬如，短兵的跳闪步接下劈，课前需要动作录像等技术处理，然后才能在课堂上根据讲解、示范进度，及时地播放，让学生观摩。在观看中，教师及时地给予讲解和点播，这就弥补了这一动作组合中通过人体无法在空中滞空示范的弊端，进而提升教学质量，甚至会收到事半功倍的显著效果。

此外，现代短兵课堂教学中，如果体育场馆课堂具备现场投影设备，那就可以在课堂上及时地将学生的技术、动作投影出来，让学生边练习、边观看自己技术，同时还可以得到教师及时的指导，进而提高学生动作学习效率。

总之，直观性原则不仅包括人体的现场动作示范，还包括诸多直观教学手段和方法。如果运用得法，对于纠正随时出现的错误动作、多余动作，都是非常有效的。

三、区别对待原则

区别对待原则是指在短兵课堂教学中，根据学生的具体情况（包括学生个性、身体素质等），有针对性地安排教学内容、教学手段和方法等。短兵教学因人而异、区别对待，对完成教学目标，提升学生短兵技能，均有重要价值。那么，如何在短兵教学中有效地贯彻区别对待原则，实现课堂教学目标？本教程认为，通常的做法是：

第一，根据学生身体素质、领悟能力、技术水平等情况，在短兵教学中，区别对待，因材施教。譬如，对协调性不好的学生，要围绕短兵所需要的专项协调性，创新一些专项协调性手段和方法，对其进行基本技术教学。同时，把这些专项协调性练习内容作为辅助教学内容，因人施教，提高其短兵专项协调性，进而助推技术学习。

第二，针对班级整体情况，既要有共性教学方法和手段，又要有个性教学方法和手段。一个班级里学生的能力肯定有所差异，教学中针对每一个学生设计一套教学方法也是不现实的。但是，教学中又不能不顾及那些短兵技能学习领悟力较慢的学生。子曰：“有教无类。”（《论语·卫灵公》）因而，要针对学生整体情况，在坚持共性教学的基础上，有的放矢地进行区别对待教学，进而实现短兵教学目标，完成教学任务。

譬如，教师面对一个由短兵技能领悟力快的学生和短兵技能水平领悟力慢的学生组成的教学班，教师就不能采用“一刀切”的教学手段和方法，必须采用区别对待原则，才能完成教学任务。一般来说，在教学中，教师通常可以根据学生基本技能水平进行分组，既可以是同等技能水平的为一组，也可以是技能水平领悟力快的学生与技能水平领悟力慢的学生为一组，既可以是组与组之间的辅导，也可以是组内辅导。至于到底如何分组，如何搭配辅导，要根据教师教学设计目的而定，只要能有效完成教学任务，何种分组辅导都可以，没有一成不变的分组辅导。

总之，要针对不同组别，进行区别对待设计教学方法和手段。总的原则，在教师的指导下，让短兵技能水平领悟力快的学生带领短兵技能水平领悟力慢的学生，然后达到共同提高短兵技能的目的。

四、教师主导、学生主体原则

教学是由教师的“教”与学生的“学”共同构成的知识传承活动。把教师比喻为行驶在知识高速公路上的车辆驾驶员，学生就是乘客，在通往课程目的地行驶的道路上，应充分确保教师控制方向盘的主导权，而且是最大限度地保障，否则就会出现偏差。

因此，任何一种教与学，既要在教师的主导下进行，又要保护学生的主体地位。如果教师缺乏主导或引领，其教学过程必将是无序的、盲目的，从而也是缺乏效果的。没有教师主导的“教”，学生的“学”就会缺乏引领性、方向性。假如教师的主导作用出现缺位，那么就好比一辆失去控制的高铁，其后果不堪设想。同理，教学中，没有学生这一主体，缺乏教学对象，教学就是无的放矢，也失去了存在的意义。

需要指出的是，教师主导作用和学生主体作用有关联，但并不是对等的。在短兵教学中，教师是学生主体作用发挥的重要因素，学生主体作用发挥的大小和教师有密切关系。当然，教师这种对学生主体作用的决定性也不是绝对的。在一定范畴内，学生主体作用对教师主导作用也具有反作用。教学相长是这两种作用良性互动的结果。

那么，在短兵教学中，如何贯彻教师主导、学生主体的教学原则？

本教程认为，贯彻这一原则应从以下四点考虑：

（一）教师要熟悉短兵技战术体系和理论体系

在短兵教学中，教师要起到主导作用，首要条件是教师必须熟知短兵技战术体系和理论体系，掌握短兵基本理论知识和基本的技能、战术等必备知识。俗话说，教师要给学生一碗水，自己必须有一桶水。因此，短兵教师应该加强修炼短兵技能、战术等术科知识。

（二）教师真知短兵教学规律

所谓真知，就是教师要确实理解短兵运动，掌握短兵运动的格斗规律。可以说，教师需要真知的短兵教学规律也就是短兵的格斗规律。因为短兵运动不同于武术套路运动，它是“两两相当，角力角技艺”的格斗运动之一。在教学中，在熟悉教学规律基础上，教师把握短兵运动格斗规律是教师能否在教学中起到主导作用的首要条件。

（三）教师要掌握多元化的短兵教学手段和方法

短兵教学手段和方法是教师能否完成短兵教学任务，进而达到教学目标的重要方法论证。如果说，短兵教学是一辆汽车，短兵教学规律是汽油，那么短兵的教学手段和方法就是机油，没有汽油的汽车跑不了，没有机油的汽车跑不好。因而，教师要想起到短兵教学主导作用，必须掌握多元化的短兵教学手段和方法。

（四）教师要了解学生具体情况

学生是教学对象，没有学生的教学是不存在的。教师要想在教学中完成教学任务，就必须对教学对象——学生有所熟知。俗话说：“知己知彼，百战不殆。”所以，教师了解学生是越全面越好，尽可能掌握学生全面情况。如学生的性格特点、技能水平、身体素质水平、技能领悟力、心理素质等。掌握这些情况，可以起到两个作用，一是利于教师发挥主导角色，根据教学情况，区别对待学生，做到因材施教；二是利于教师发挥学生的主体作用，发挥学生所长，提升学生学习积极性和兴趣性，进而提高教学效果。

第二节　短兵运动基本教学方法

教学方法是完成教学任务的途径、手段和方式，直接影响着教学任务的完成，要根据教学任务、教学特点、学生实际情况等来确定教学方法的运用，力求达到有的放矢，收放自如。

一、一般性教学方法

（一）讲解法

讲解法是短兵教学中运用语言的专门技巧和方法。

这种技巧和方法在短兵教学中，具有重要价值。它能使学生明确短兵学习任务、目标，掌握短兵基本技术、战术等基础知识，进而有效地发展学生身体素质，增强学生体质，培养学生分析问题和解决问题的能力等基本专业能力和人文素养。

1. 讲解的基本要求

讲解要有明确的目的性，要通俗易懂，简明扼要，同时富有启发性，还要注意讲解的层次和时机（有所讲，有所不讲）。

2. 短兵技术教学中，讲解的基本内容

（1）讲解短兵技术的基本路线、着力点和技术要领

短兵技术的基本路线、着力点和技术要领是短兵技术规范化的关键，通过讲解，便于学生掌握正确的动作技术要领和规范，有助于提高技术学习效率。

（2）讲解短兵技术动作易犯错误

通过对短兵技术动作易犯错误的讲解，深化学生对错误动作的认识，减少错误动作的发生。如短兵左右格挡，容易犯格挡动作幅度过大等错误。

（3）讲解短兵技术动作的实战用法

通过实战用法的讲解，能够引导学生明确动作的攻防含义，有助于准确地理解和掌握技术动作要领，动作练习的攻防意识更加确切。

3. 讲解法种类

讲解法一般有形象化讲解、口诀化讲解、单字化讲解、术语讲解等。需要强调的是，在短兵技术教学时，口令的运用是不可或缺的。由于短兵的对抗性规律，所以短兵的口令一般要求是短促、洪亮、有力的。

常用的口令有常规性口令、提示性口令、分解性口令和综合性口令等。

（二）直观法

直观法是指教师通过自身的示范或一定的方式、方法向学生展示教学内容，从而达到提高学习效率或效果的一种教学方法。直观法的教学可分为示范教学和现代化科技手段教学两类。

1. 示范教学

示范教学是指在短兵教学中，通过正确的动作示范，引导学生正确地理解所学内容的一种教学方法。譬如，动作示范，可以让学生认识并理解所学动作的形象、结构、要领和方法。学生通过观看正确的教学示范，能够直观地获取正确的学习内容概貌，深化对教学内容的理解，提高学习兴趣，进而激发学习的自觉积极性。因此，示范教学是短兵教学活动中不可或缺的一部分。

在短兵技术教学中，一般为了保证学生能够相对清晰、全面地观察动作示范，充分发挥动作示范的功效，在进行技术示范教学时，通常要注意以下四点。

（1）技术动作示范位置的选择

如果学生是横队排列，教师的示范位置一般站在横队的等边三角形的顶点位置。如果有若干列横队，为了让后面学生看清楚动作示范，教师可以安排前排的学生坐下或蹲下，或者以教师为圆心，学生围成一个圆形队伍，教师站在圆心位置做动作示范。

总之，教师动作示范位置不是固定不变的，要根据教学需要，站在适当位置，让学生能准确、清楚地看到示范动作。

（2）技术动作示范面的运用

短兵技术动作示范面一般以侧面示范为主，侧面示范便于学生看清楚教师的动作，同时也方便教师观察到学生们的动作，出现不规范动作可以及时提醒学生。背面示范通常用于教师领做练习，利于学生弄清动作方向。有时，为了让学生看清动作的多个不同位置要点，教学中同一个动作可采用多个示范面。如短兵的实战姿势，为了学生看清两脚距离，可以采用侧面示范；为了学生看清躯干，可以正面示范等。

（3）技术动作领做示范

短兵技术教学中，领做一般以背面示范为主。在技术动作讲解之后，教师就开始领做示范。这时候，需要注意的是领做示范的位置选择和示范速度。如果是横队，教师的领做示范位置一般站在横队的等边三角形的顶点位置。总之，教师要尽可能地让学生看到教师的领做，以便跟着模仿，掌握技术动作的运动路线、方法和姿势。领做的速度，一般是先慢速后正常速度。慢速是为了让学生看清楚和便于模仿，随着学生动作熟练程度提高，领做进入正常速度。

（4）技术动作示范与讲解相结合运用

在短兵技术教学中，动作示范和讲解不是分离的，通常是将两者结合起来运用。根据教学阶段的不同，可先讲解后示范；也可先示范后讲解；还可以边讲解边示范。一般来说，对短兵初学者以示范为主；对有一定短兵基础的学生，可以将示范与讲解结合运用。总之，要根据教学内容和教学对象，交互运用示范和讲解，使其完美结合，提升教学效果。

2. 现代化科技手段教学

在短兵技术教学中，为了解决短兵技术示范中不能充分显示的动作要素、过程与细节（动作在空中进行不能停留等）等难题，可以充分利用投影或录像回放等现代化科技手段进行教学，直观再现一些人体直接示范无法展现的动作要素，提高教学效果。

（三）完整与分解教学法

短兵技术是由攻、防、进、退四种不同类别的动作组成的，既包括单个技术动作，也包括组合动作，各个技术动作既是独立的，又是相互关联的。所以短兵教学离不开完整与分解教学法。

使用完整教学法时，便于学生掌握动作的全貌，建立完整的技术概念。如劈技，需要一次性完成，无法进行分解，就必须采用完整教学法。但是对于一些技术动作较为复杂的技术，可以进行分解教学。如环劈，可以分解为两个教学步骤，一是先让学生练习短兵环劈的绕环，二是绕环中向前劈击。需要注意的是，分解法是技术教学的一种过渡性教学手段和方法，不是教学目的。一般情况下，一个短兵技术动作的分解不要超过三步，要拆解合理。否则，分解过散，就失去了短兵技术动作的攻防含义和作用。

那么，短兵技术教学中，什么时候用完整教学法，什么时候用分解教学法呢？一般来说，对此，没有一个万能的公式。但是，也不是没有规律可循。通常情况下，对一次性需要完成的动作，或者结构简单和难度不大的动作，可运用完整教学法。对动作路线比较复杂、难度较大的动作，或者一步两式、一步三式、复步多式的动作组合，可以采用分解教学法。但是，需要注意的是，分解教学法不宜将动作分解得过碎，应尽快向完整动作过渡，与完整教学法有机地结合起来。

（四）练习法

武术谚语曰：“拳练百遍，身法自现；拳打千遍，其理自见。”在短兵技术教学中，在教师的引导下，学生掌握短兵技术一般要经历动作泛化、分化、巩固、自动化四个阶段。学生短兵技术要达到自动化阶段，必须经过亲身实践，进行反复练习，消除各种错误，弥补不足，才能达到。当然，在技术磨炼的过程中，学生在掌握、提高、巩固所学的知识、技术和技能同时，也培养了刻苦、顽强、坚毅和集体主义精神等优良品质，进而完善其人格。

短兵技术教学中，组织练习的形式一般包括个人练习、分组练习和集体练习。

1. 个人练习

个人练习是指在教师指导下，学生个人原地重复练习。一般来说，个人练习通常在技术学习时采用较多。个人练习有助于学生加深动作记忆，体悟技术动作原理。在短兵教学实践中，个人练习法的运用也是多变的，既可以是一个学生练习，其他学生观摩，然后轮流；又可以是学生各自练习，教师巡回指导等形式。

2. 分组练习

在短兵教学中，分组练习通常是两人一组，尤其是攻防技术练习，必须两人一组。一般教学程序是，教师先将学生分组，提出基本技术要求，明确告知练习次数和组数，然后学生按组分开练习。教师在学生分组练习时，必须要巡回观察学生练习情况，给予及时指导。如果发现共性问题，要及时地停止分组练习，将学生召集到场地中央，进行集中讲解，分析问题，提出解决办法，然后学生再散开练习。为了解决集中突出技术问题，可以让一组表现好的学生练习，其他组观摩；或者让一组有技术问题的学生练习，其他组观摩。然后，在教师的指导下展开技术研讨，培养学生独立思考问题的能力和团结互助的精神。

3. 集体练习

集体练习是指在短兵基本技术教学中，教师指挥领做，学生集体跟着教师练习。学生掌握基本动作熟练时，教师可用口令指挥学生集体练习。在学生集体练习时，教师要观察学生练习中存在的问题，及时地给予提示，必要时，停止集体练习，纠正学生存在的技术错误。一般来说，通过集体练习，教师能及时地把握学生对技术动作的掌握程度。

（五）纠正错误法

纠正错误法的前提是教师要善于发现错误，并能及时地找到错误发生的原因，进而给出有效地纠正错误的方法。一般来说，纠正学生错误和组织学生练习是紧密联系在一起的。因为如果发现了错误，却没有及时地改正，那么这个发现就是没有意义的。可以说，在短兵技术教学中，发现错误是改正错误的前提，组织练习是改正错误的保证。

在短兵技术教学过程中，纠正错误的方法，一般有以下四种。

①对于学生由于动作概念不清楚出现的错误动作或者运动方法，通常采用的方法是，教师要进一步运用讲解和示范，让学生明白动作概念含义、动作基本路线、攻防要点及动作着力点。甚至可以通过同学间正确与错误的技术示范进行正误对比，深化学生对动作技术的技理技法的认识。

②由于某一身体素质不足导致的技术动作错误，通常采用的方法是，针对某一身体素质，设计专项性辅助练习手段和方法，逐步提高其身体素质。

③针对学生不理解技术动作攻防含义而出现的错误时，通常采用的方法是，根据动作攻防含义，示范诱导启发或者通过看录像，强化学生对攻防含义的理解，进而纠正错误。

④对于学生的共性错误和个性错误，要区别对待，前者通常采用集体纠错，后者通常采用因人而异、靶向纠错。

二、专项个性教学方法

（一）喂引法

这一方法是建立在两人一组的分组练习法基础上的，不仅是短兵运动的基本个性教学方法，也是格斗类项目的基本个性教学方法。因为喂引法教学运用的是否科学、合理和实效是练习者在实战中能否正确并灵活运用所学招法的关键。喂引法中包括两个方法，一个是“喂”招，另一个是“引”招。两者有关联，但不等同。

所谓“喂”就是给练习者做假想性对手，根据他们学习动作的不同阶段和技战术练习需要，有针对性地喂递攻防所需短兵招法，以求达到接近短兵实战的目的。喂什么短兵招法，取决于练习者所要练习的短兵招式。譬如，练习者要练习剪技，那么，喂手者就要喂其直刺技术。对于初学者，可采用定步、定式为主，喂手者直刺可以慢些，给练习者一些反应时间。待其熟练掌握后，可以提高直刺速度和力度，甚至可以采用移动喂法，适当增加招法或者虚招，使其喂招接近实战。

需要注意的是，不同技术阶段应采用不同喂法，不同技战术练习要有不同的技战术喂法。但是，不管何种喂法，喂手者的短兵招法要符合规范和技战术要求，练习者才能练出正确、规范的短兵技战术。

所谓“引”，就是在攻防战术动作组合中，有意识地运用引手招法，让练习者根据对手出击的时机、方位、距离，见机而动，触及而发，做出相应的反应动作。其目的是培育练习者掌握战机和捕捉战机的能力。一般来说，引手多是虚招，佯攻，做到以虚引实。但是，一味地虚引，容易被对手识破。因此，在短兵引手练习中，要将虚引和实引相结合，做到虚中有实，实中有虚，虚虚实实，让对手防不胜防，才能达到引手预期效果。

一般来说，诱引、逗引和漏引是常用的引手。在引手练习中，培育练习者识别和判断战机的能力是至关重要的。因此，运用引手，培育练习者抓住正确的稍纵即逝的战机，快速及时地做出正确的进攻招法反应，是短兵实战中占据主动的重要手段。

（二）影子教学法

所谓影子教学法，就是让学生在无对手的情况下，面对镜子，把镜子中的自己作为影子对手，对着镜子中的影子对手进行击打的一种短兵运动专门练习方法。

短兵技术教学时，面对镜子中自己的影子，做各种攻防改进和熟练短兵攻防技术的单招或者组合练习，这样可以清楚地看到自己的短兵技术动作是否正确。也可以对着自己的影子对手，做出各种流畅的进攻，便于有效地提高和巩固掌握技术的熟练程度，也能提高反应和动作速度。

（三）条件实战法

所谓条件实战，就是根据短兵教学阶段的不同教学任务，限制对抗条件，锻炼练习者特定条件的实战能力。短兵教学中，条件实战有限制短兵进攻技术或者防守技术动作的条件实战；规定主动进攻和被动进攻的条件实战；限制击打部位（不允许击打头部等）的条件实战；限制击打力量的条件实战等。通常来说，采取限制的条件，一般是根据教学任务和目的决定的。

（四）实战对抗法

所谓短兵实战对抗法，就是不附加任何条件的短兵实战练习。实战是短兵技战术学习的最终目的，通过实战可以全面检验各类技战术的学习效果。通过实战，可以发现技术战术不足，进而改进技术，完善战术。因而，运用实战对抗法，是非常有效的教学手段之一，也是检验教学效果的有效方法之一。

在短兵教学中，可以根据教学任务不同，灵活地运用实战对抗法。如果想要提高练习者应对不同对手的能力，那么可以配对不同类型对手实战；如果想要提高实战耐力，可以采用车轮战实战。

总之，在短兵教学实践中，采用实战对抗法，在遵循短兵规则基础的同时，不必拘泥于规则。重要的是，要根据教学任务和练习者实际情况，灵活运用，正如陆游所云："天机云锦用在我，剪裁妙处非刀尺。"（宋代陆游《九月一日夜读诗稿有感走笔作歌》）

第三节　短兵运动基本训练原则

短兵训练原则是短兵竞技运动训练过程中客观规律的反映，是对其训练实践中经验的总结和概括，是进行短兵运动训练必须遵循的准则。随着短兵运动日益规范化，向更高层次迈进的同时，对其训练工作也提出了更高的要求。短兵训练应当向科学化迈进，而训练中认真地贯彻其训练原则是其训练科学化的可靠保证。

短兵的训练原则虽然有很多，但是就基本训练原则而言，本节将其归纳为四个部分，即针对性原则、循序渐进原则、运动负荷适中原则和专项引领原则。

一、针对性原则

短兵训练的针对性原则是指教练员在进行短兵训练过程中，根据运动队、各个运动员的特点及相关因素，有意识、有目的确定训练任务，选择训练手段、方法及安排合理的运动负荷等一系列有关训练的问题，并加以解决。

马克思主义哲学告诉我们，事物既有共性，也有个性。一个事物之所以区别于其他事物是由其存在的质规定的。每个事物的个性是不同的。在短兵训练中，运动队和运动员是训练的对象。每个队有每个队的特点，即使在同一个运动队中，队员之间的特点也各不相同。所以，教练员在短兵训练过程中，不可千篇一律地用同一内容，选择同一种训练方法，而是要针对运动队及运动员的特点，结合自身的目标与任务，有针对性地去选择训练的内容与方法，使其训练合理化，有目的性地去训练，这样才会收获好的效果。例如，有的运动员力量素质好，而有些运动员速度素质好，但耐力素质较弱等。因此，教练员在训练中要有的放矢，有针对性。

因此，在短兵训练中要正确地把握并运用好针对性原则，教练员要做好以下四点。

第一，教练员对自己的运动队要深入地了解。如果运动队是教练员自己一手筹建的，那对运动队的情况可能了如指掌。但是如果教练员训练的是一支自己不熟悉的队伍，应首先要了解队伍的组成情况、队员的来源、队伍的组成时间及运动员的年龄、队伍的运动成绩等。在掌握了相关信息之后，才能针对具体情况，给自己及运动队制定一个合理的目标。这样的目标才具有可信度，具备可操作性。

第二，教练员就训练内容而言，对自己的队员进行横向与纵向比较。短兵训练内容有一般身体素质训练、技战术训练、专项训练等。在这些内容当中，教练员（或运动员）应对运动员（或自身）在这些方面的情况进行综合分析的基础上，进行纵向比较，找出运动员（或自身）薄弱的方面，指出不足，有针对性地进行训练。针对弱点训练是必须的，但也不能忽视对优点的持续性强化。

短兵技法的学习与训练就是培养学生或运动员的条件意识，用巴甫洛夫的经典条件反射学说来讲，就是建立和巩固条件反射的过程。在条件反射建立之后，如果不给予刺激强化，随着时间的推移条件反射就会减弱，最后会导致完全消失。由此可知，哪怕是自身的优势技能或战术，在得不到适宜的训练强化之后也可能逐渐消退、弱化，而且动作技术越复杂，难度越大，消退弱化也就越快。因此，教练员在针对运动员的弱点进行训练的同时，也要对其长处进行强化。

教练员除了对运动员就训练内容进行纵向比较之外，也需要在横向上进行对比分析，找出不足。也就是说，教练员需要在全国乃至世界范围内对运动员所在级别内知名运动员的技战术打法及“绝招”进行一定的了解，这种了解可以通过观摩比赛、录像等渠道读取信息，进而有针对性地设计训练内容。这种针对性就是赛场下的知己知彼，未雨绸缪，为的就是走上赛场时能胸有成竹。

第三，在训练中，针对性原则应该运用到每一种计划中及每一次训练课上。特别是每一次训练课的内容、方法的选择与运用上，教练员都应有一个明确的目的，有针对性地去安排、去训练。要做到明确为什么练？练什么？为什么采用这种方法？要针对解决具体问题而设计与之对应的训练计划，对运动员提出训练上的不同要求。

第四，针对自己拥有的训练条件，去安排训练内容，选择训练方法，尽可能充分地发挥自己已有的训练条件。对教练员、运动队而言，有一套现代化训练设备器材固然很好，但对于多数队伍而言，条件都是有所欠缺的，教练员应针对自己已有的器材设备，充分发挥现有条件，在一定范围内，尽可能地提高自己的训练质量。

总之，针对性原则只是一方面，它并不是孤立存在的，它与其他原则是紧密联系、不可分割的。

二、循序渐进原则

关于“循序渐进”，我国宋代著名理学家朱熹在《朱子大全》中提到，读书的方法在于“循序而渐进，熟读而精思”“未得于前，则不敢求其后，未通乎此，则不敢志乎彼”。强调和重视学生建立扎实的学习基础，一字一句都不可放过，在一定程度的积累上再进行更深层次的阅读和思考。循序渐进原则在中国文字的学习训练中如此，对中国武术短兵训练来说，也不例外。

训练必须逐步攀登技术阶梯，绝非一蹴而就，绝非高楼一日平地起。短兵训练与建房子的道理是一样的，只有先夯实地基，从低楼层向上逐层地搭建，房子才能建得稳固且有高度。训练步骤的考究和确立，是一项非常重要的课题。只有科学且正确的训练步骤，并矢志不渝地落实这一步骤，方能培育出技战术精湛的短兵竞技高手，造就出所向披靡的短兵顶尖选手，并夺冠于短兵竞技赛场。如果缺乏正确的训练步骤，将事倍功半，难以实现任何科学计划所赋予的愿望。

在专项技术训练过程中，无论是单个完整的技术动作，还是由多个动作组成的攻防组合动作，一般都是通过“学会”“喂引”“实战”三个递进环节来完成的。“学会”是对动作规范化模仿的过程，“喂引”是在动作规范性的基础上，对攻防含义及其使用方法进行逐步强化的过程，能在实战中熟练地运用相应的技法，才能达到最终目的。

在初期的“学会”阶段，需要通过教练员的示范和讲解，使运动员了解和掌握训练内容。譬如技术训练，运动员要学会并领悟动作的基本规格要求（包括持兵手型、步型、身体姿势等）、运行路线（短兵运行基本技术路线、步法、身法等）和攻防时机及力度，进而通过反复练习和不断地纠正错误，使其正确、熟练地掌握短兵技术动作，并达到自动化和规范化。

在中期的“喂引”动作阶段，主要任务就是通过规范化“喂”“引”进行训练，一方面培养运动员辨识和判断战机的能力，另一方面培养运动员根据战机做出快速反应并选择正确招法给予反击的能力。“喂引”训练，本身也存在循序渐进性，需要根据运动员对技术领悟的快慢，做出不同的“喂引”训练。例如，从定步、定招喂引到移动喂引，再到虚实结合的移动喂引，这个过程就隐匿着循序渐进原则，进而逐步提高并完善运动员短兵技战术的能力。

在高级阶段的实战运用中，实战运用是短兵训练技战术动作的终极目的。其中又包括条件实战和实战。从条件实战到实战，本身也是在遵循循序渐进原则下开展的。对于初学者，多以条件实战为主，慢慢过渡到实战。对于中、高级别运动水平的短兵运动员而言，根据其训练任务的不同而采取不同的条件实战。实战对训练短兵运动员是必要的，但是不是每节课都要安排实战，要根据训练阶段的不同和比赛周期，合理有序地科学安排实战，同时在实战中还要防止运动员受伤。否则，如果实战导致运动员受伤，既影响训练任务，又可能影响比赛，进而破坏短兵训练的科学性、系统性。

另外，在短兵训练计划安排上也要遵循循序渐进的原则，制订科学而有序的训练计划。短兵训练计划往往是根据比赛周期制订的，不同级别的比赛周期不同，大周期中套着小周期。例如，短兵多年训练计划就套着年训练计划，年计划又包含着月训练计划，月计划又内蕴着周计划，周计划又套着课计划。这些短兵训练计划之间和计划自身的内容安排都需要循序渐进。“冰冻三尺，非一日之寒”“合抱之木，生于毫末”“九层之台，起于累土”，这些名言警句所蕴含的循序渐进、持之以恒的深刻道理与短兵训练坚守的循序渐进原则有着异曲同工之妙。对于短兵训练而言，同样适用。

总之，无论是短兵过程训练步骤安排，还是短兵训练计划安排，或是短兵训练的具体内容（如一般身体素质训练、技战术训练等），都应结合比赛和运动员的实际情况（包括对手情况），将循序渐进的训练原则贯彻始终。

三、运动负荷适中原则

运动负荷适中原则是指在短兵训练中，教练员根据训练任务、运动员的技战术和身体体机能水平，科学合理地安排运动负荷，以提高运动员的竞技能力，使其在训练过程中取得预想的竞技效果。

运动员在训练中只有承受一定的运动负荷刺激后，才会产生相应的训练效应。但并不意味着只要施加负荷，运动员训练就一定会产生良性的训练效应。安排训练负荷过大或过小，均不能取得良好的训练效果。运动负荷过大，容易引起运动员身体的不良反应，甚至受伤；负荷过小，则不能引起运动员身体必要的应激反应。只有运动负荷适中，才能使运动员身体各器官系统受到良性刺激，进而使其生理机能产生良性应激，提高运动员身体机能，产生好的训练效果。

一个运动负荷包括运动量和运动强度两个因素。运动量反映负荷对运动员身体刺激的大小，运动强度反映负荷对运动员身体刺激的深度，可以运用不同的指标去反映负荷的量和强度的大小。两者的关系是相辅相成的。任何负荷的量都是以一定的强度为条件而存在的，任何负荷的强度又都是以一定的量为其存在的必要基础。但是，在一般训练中，运动量和强度不是同步增加或减少的。

因此，在短兵训练中要正确地把握并运用好运动负荷适中原则，教练员要做好以下四点。

（一）了解运动员的状态

教练员要及时掌握，了解运动员身体健康状态、技战术状态、身体素质水平等竞技要素。教练员只有了解自己的训练对象（运动员），才能合理地安排训练计划和训练内容，进而选择合理地训练方法和手段，确定训练负荷大小。尤其是经过一段周期的训练后，教练员要及时地通过科学监测手段，了解运动员竞技状态和身体机能状态，为下一阶段安排训练负荷提供理论基础。

在一次训练中，一个训练负荷安排下去并不是一成不变的，教练员在训练过程中要及时观察运动员体力、面色及呼吸等情况，如果发现运动员身体不正常，要及时调整运动负荷，甚至停止训练；如果发现运动员负荷小了，要及时地增加；如果发现运动负荷大了，要及时地减小。这样才能使训练中运动负荷有的放矢。

（二）训练中必须循序渐进地增加负荷

在短兵训练过程中，随着运动员生物年龄的增长和竞技能力与运动成绩的提高，通常需要相应地加大运动负荷。但是，增加运动负荷必须循序渐进地进行。在训练实践中，循序渐进地增加运动负荷，通常有四种基本形式，即直线上升式、阶梯式、波浪式和跳跃式（图5-1）。

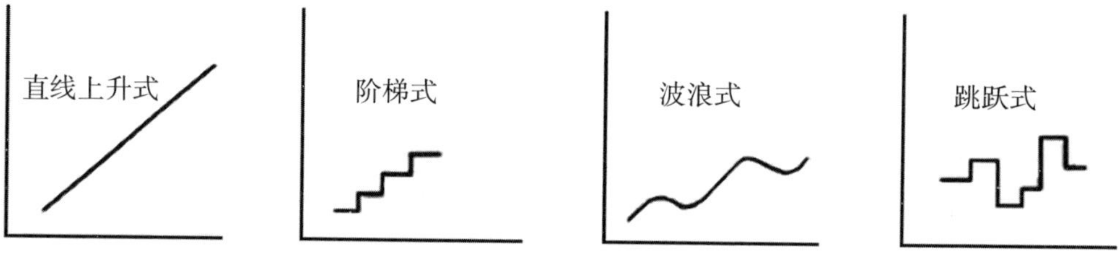

图5-1　运动负荷增加的基本形式

1. 直线上升式

直线上升式是指某一阶段，若干周或几次训练课中运动负荷呈现渐进直线积累状态。运动负荷的增加可采用加量保持强度、加强度保持量或强度与量同增等多种方式，这要依据运动员水平、不同阶段训练任务与内容而定。但经过一段直线渐进积累后，一定要有一个调整恢复的过程。直线式适用于在训练的局部阶段。

2. 阶梯式

阶梯式是指负荷增加后有个适应和保持阶段，之后再增加、再适应，负荷呈阶梯式上升。注意上几个台阶后，一定需要调整恢复，负荷增加同样可采用保持一定强度增加量，或保持一定量增加强度以及负荷量与强度同加等方式。阶梯式适用于不同水平运动员，或训练中期、比赛前期。

3. 波浪式

波浪式是增加负荷的一种主要形式，负荷逐渐增加再下调、再增加、再下调，使负荷水平呈现波浪式逐步增加。波浪式适用于不同训练水平的运动员或训练各个时期。

4. 跳跃式

跳跃式是指负荷跳跃式增加。跳跃式是当代优秀运动员增加负荷的主要形式，对运动员机体承受能力要求很高。这种形式多用于高水平运动员。

（三）科学地处理运动负荷与恢复的关系

合理安排运动负荷是取得良好训练效果的重要手段之一。训练学通识是，在一定范畴内，增加运动负荷会带来更好的训练效果，而且越接近运动员承受能力的极限，效果就越明显。于是，许多教练员在医务监督指导下都在致力于寻找运动员运动负荷的极限。

运动员运动负荷的极限值大小取决于运动员身体发育程度、竞技水平、运动员健康状况、日常休息、心理状态等因素。但是，也不是说给予运动员极限运动负荷训练，就能取得好的训练效果。还需要教练员把握训练运动负荷的节奏，大、中、小结合运用。同时还需要安排必要的休息恢复时间，消除运动员由于极限运动负荷带来的疲劳。如果运动负荷导致运动员训练疲劳没有及时地消除，就会导致运动员训练体能、技战能下降，严重者甚至厌倦训练。因此，教练员要认识到，合理安排运动员恢复状态也是训练的重要内容，更是科学合理地处理运动负荷和恢复关系的有效手段。

（四）建立科学的诊断系统

为了在训练过程中及时把握不同时期运动员的竞技能力状况，以便准确地判断负荷的适宜度及恢复程度，进而决定训练中应采取的相应对策，就必须建立科学的诊断系统。选取可靠的指标，在恰当的时间用科学的方法客观地进行准确的诊断，如医务监督等。

四、专项引领原则

专项引领原则是指教练员根据运动员专项所需要的竞技状态及运动成绩，从难、严、实战出发，以提升短兵运动竞技能力为核心，科学合理地安排训练计划、训练内容、训练方法和训练手段等训练要素。

专项引领原则对运动训练具有重要的指示性作用，是区别不同训练的重要标识。同样是武术格斗类项目，短兵格斗不同于散打，两者技术体系完全不同。这种专项本质的不同决定短兵和散打训练不可同质化。因此，在训练中，坚持专项引领原则，就显得十分必要。

在短兵训练中，贯彻专项引领原则，要做到以下两点。

①教练员要掌握短兵基本知识、技战术特点、比赛规则等内容。

在日常生活中，感觉到的东西，我们不一定能立刻理解它，但是理解的东西，却能深刻地把握它。因而，理解感知短兵运动规律、技战术特质、竞赛规则等，对短兵科学化训练具有重要的前提价值。

②要做到围绕提高运动员的短兵竞技能力，科学合理地安排训练。

在短兵训练中，教练员要紧扣提高运动员的短兵竞技能力这一主题，科学合理地安排运动员体能、技能、战能等训练，才能在竞技比赛中取得较为理想的成绩。换句话说，衡量短兵训练是否科学、合理的唯一标准就是，该训练能否提高运动员短兵竞技能力。教练员只有牢记并贯彻这一标准，才能在训练中自觉做到贯彻专项引领原则。

第四节　短兵运动基本训练方法

一、一般身体素质训练方法

短兵是一项对抗性较强的运动项目，良好的身体素质是比赛取得优异成绩的决定性因素之一。短兵运动对于身体素质要求不仅仅是力量、速度等基本元素质，还包括平衡、反应、柔韧、协调等综合素质。也就是说，短兵对抗需要全面的身体素质。只有身体素质得到了较为全面的训练，才能较快地发展短兵运动的专项身体素质，为学习短兵技术、战术以及提高实战水平打下良好的身体素质基础。

（一）力量素质训练

力量素质是短兵运动员的基本身体素质之一。它与速度、灵敏等身体素质有着极为密切的关联，对其他身体素质发展具有重要的影响作用。短兵运动的力量一般分为两种：基本力量（包括相对力量、绝对力量和持久力量）、专项力量（击打力量、抗击打力量）。在短兵比赛中，要求运动员在基本力量的基础上。具有较强的爆发力（击打力量），给予对手具有杀伤力的击打，同时要求运动员具有较强的抗击打力量，承受对手的短兵打击，从而战胜对手。因此，力量素质是短兵运动员身体运动水平的重要指标之一。

在安排运动员进行力量训练时，教练员要注意将短兵运动的特点与运动员自身的特点相结合，发展力量素质，尤其击打力量（武术说的寸劲）和抗击打力量。

1. 基本力量训练

运动生理学认为，发展运动员的绝对力量基本采用本人最大力量的60%～70%的负荷重量，重复次数为8～12次，组数以不降低重复次数为原则，组间间歇时间为2～5分钟。但是，基础训练应以44%负荷重量开始。对经过基础训练的运动员而言每周应安排1～2次80%以上的负荷重量训练。

训练中，经常采用的具体方法有：

①利用各种健身器械进行上、下肢及腰腹等身体部位的力量训练。譬如，杠铃屈臂、肩负杠铃深蹲或半蹲、卧推、负杠铃片仰卧起坐、负杠铃片俯卧体后屈、划船、马步推杠铃、肋木悬垂收腹举腿、拧卷重物、抖皮条等。

②徒手进行上肢、下肢及腰腹等身体部位的力量训练。譬如，俯卧撑、靠墙倒立、仰卧起坐、立卧撑、推小车、鸭子步走、立定跳远、高抬腿、蹲跳冲拳、蹲步换跳等。

③提高力量的影子训练法。短兵比赛每局2分钟，三局两胜制。比赛中，需要运动员攻防动作有力度、有速度，不停地进行攻防击打。这就需要运动员具有较强的力量耐力。因此，训练中，可以采用每组3分钟，组间休息30秒至1分钟，共练习7～8组的影子训练法来提高运动员的力量耐力。进行影子训练法的好处是，运动员通过训练提升的力量耐力与短兵比赛所需的实际力量耐力相似，同时还增强了运动员体能。

2. 专项力量训练

专项力量包括持短兵的击打力量和抗击打力量。击打力量具有爆发性特征，既要有力量，又要有速度。在短兵运动中，击打力量具有快、狠的特质。

因此，短兵击打力量训练中，通常以小重量的负荷，练习鞭打力量。抗击打力量是运动员承受对方击打的能力。这是一种被动的力量，具有被动、身体硬度的特质。在短兵竞赛中，不被对方击打的可能性是不存在的，只是多与少的问题。因此，抗击打训练，应该引起教练员和运动员足够的重视。

击打力量训练经常采用的具体方法有：

①手握小哑铃（1公斤）鞭打，每组30次，完成5组，组间休息1分钟。

②持短兵打固定沙袋，每组30次，完成5组，组间休息1分钟。

③持短兵打移动沙袋，每组30次，完成5组，组间休息1分钟。

④持短兵打假人，每组30次，完成5组，组间休息1分钟。

⑤持短兵打脚靶，每组30次，完成5组，组间休息1分钟。

⑥手腕或腿部系沙袋做劈、刺、崩等各种进攻、防守练习。

抗击打力量训练经常采用的具体方法有：

①利用短兵自己敲打身体得分部位。

②利用短兵队员间互相敲打得分部位。

③各种传统武术抗击打练习。如自我磕臂、三靠臂、拍打练习、撞肩练习、撞背练习等。

3. 力量训练的要求和注意事项

第一，进行强度较大的力量训练前，要充分做好准备活动；训练中，根据训练力量类型，注意肌肉的放松调整时间；训练后，要充分放松肌肉，防止肌肉僵化，提高肌肉弹性。

第二，根据学习和掌握短兵攻防技术的需要，应将运动员身体的局部力量和整体力量训练、发展大肌肉群力量和发展小肌肉群力量训练结合起来进行训练。一次训练中，一般是先进行大肌肉群训练，再进行小肌肉群训练，防止训练损伤和片面性。根据短兵运动的特点，应充分注意发展速度力量和击打力量。

第三，科学地调整和安排运动负荷。根据短兵力量分类，科学合理地安排基本力量训练与专项力量训练及其他素质训练的顺序。既要注意力量素质与其他素质安排的训练顺序，又要安排基本力量与专项力量训练的顺序。这些顺序的安排主要根据训练任务和素质之间的关系决定。一般来说，力量练习最好安排在前。这样能保证运动员中枢神经系统处于适宜状态下完成练习，同时还能充分利用练习产生的后效作用。

第四，注意力量训练的数量。一般来说，初级选手，每周3次效果较好；对训练水平较高的运动员可适度多安排一些，但是也要根据具体情况而定。在赛前一周左右，严禁安排极限运动负荷的力量训练。因为大肌肉群恢复较慢，容易导致运动员赛前疲劳，竞技状态下滑。

（二）速度素质训练

在短兵运动中，速度素质可以分为一般速度素质和专项速度素质，前者又可以分为绝对速度、相对速度和速度耐力；后者主要分为反应速度、动作速度。其主要特点是：在短兵攻防瞬息万变的情况下，运动员要迅速地做出有效的攻防动作。既包括一般速度、辨识反应速度，又包括反击速度。因此，短兵训练的主要任务之一，就是保证运动员在一般速度素质基础上，加强攻防技术转换的速度和反应速度训练，使之在竞赛实战中尽可能的完美。

1. 一般速度素质训练

短兵训练中，常用的一般速度素质训练方法有：

①各种短距离的加速跑训练。如20米、30米、50米等全速冲刺跑，如果条件允许，还可以做各种距离的下坡冲刺跑。

②各种距离的变速跑。如（15米快+15米慢）×5组/人、（30米快+20米慢）×4组/人等。

③各种中短距离的重复或者间隔跑。如50米、100米、200米等，间隔时间根据训练任务和运动员实际情况决定。

④速度耐力组合训练。

譬如，组合一

动作1立卧撑跳	个数：30	时间：60秒内
动作2弹力带空击	个数：30	时间：30秒内
动作3极速跳绳		时间：30秒
动作4平板支撑		时间：60秒

组合二

动作1俯卧撑击掌	个数：20	时间：40秒内
动作2两头起	个数：30	时间：25秒内
动作3背起	个数：30	时间：20秒内
动作4敏捷梯（滑冰）	个数：20	时间：40秒

以上组合仅供参考，教练员可以根据自己的训练目的和要求自行设计组合，主要是以发展队员速度耐力为主。组合训练设计需要注意以下6点：①避免同类动作在同一个组合内重复出现；②要考虑到不同肌群的训练；③动静结合；④要考虑到场地、器材的具体情况；⑤要进行以提高心肺为主的短兵训练；⑥练习内容尽可能符合短兵项运动实战的需要。

2. 专项速度素质训练

在短兵训练中，常用的专项速度素质训练方法有：

①听教练员的口令或各种信号，做各种简单的攻防动作或各种步法反应。

这种反应速度训练，一般要求教练员要在训练前明确口令或信号含义，然后根据训练任务和运动员技战术情况，给予专门的信号或口令提示，训练运动员快速反应的能力。这种反应速度训练通常采用重复法、分解法、变换法等训练方法。

重复法是在运动员攻防技术动作掌握较为熟练的情况下，根据教练员信号或口令，及时地做出各种进攻或防守反应。要求运动员尽可能快地对突然出现的信号或突然改变的环境做出反应。经过一段时间训练，运动员的反应速度就会得到巩固和提高。

分解法通常运用于连击或者复招攻防动作组合的反应速度训练。通过分解动作，提高运动员的反应速度。如短兵的一防一反组合——左闪+砍击。在训练中，乙方上步抡劈甲方，甲方移动左闪至乙方身体右侧面，随即反砍对方腰部或背部，待乙方回兵反击时，甲方再屈蹲砍击乙方腰部或小腿。这一组合就可分解为先练习躲闪，然后单独提高砍击反击速度。

变换法是指教练员根据动作强度和具有时间变化的信号刺激，明显改变练习形式和环境来提高运动员的反应速度。如采用影子训练变换为条件性实战，提高运动员的实战反应能力，使实战所需的反应速度得到进一步稳定。

②露白反击训练。教练员或陪练根据训练技战术情况，定时和不定时地给予露白破绽，运动员要能及时地根据“露白破绽”，快速地做出预定或非预定的有效攻防击打动作。

③各种规定最高速度指标和变化练习程序的动作速度重复训练法。

运用这种方法训练，就能使运动员在练习时最大限度地表现出动作速度，并能在专门性条件下，通过练习程序的变换促使各种速度之间产生最大可能的转移，减少技术动作定型对提高速度的影响，并经常采用运动员不习惯的速度进行练习。短兵训练中，通常的做法是：

利用口令、手势发出速度指令训练。譬如，采用集体练习，教练员通过击掌发出指令，运动员以最快的动作速度跟上击掌速度和频率，完成如左右移动、劈、刺等技术动作。

利用“疾跑”效果，把加速度阶段引入主要动作。速度练习，包含从静止到最大速度的“疾跑”阶段。它是提高速度的最重要前提。在短兵训练中，可将带有转体、上步等衔接各种比较典型的动作提出来单独进行训练。如上步+环劈等。

减轻短兵护具的打沙袋组合训练。在训练中，将运动员的护具减轻或去掉，要求运动员做两招连击组合快速击打沙袋。通常是20次一组，每人5组，要求技术动作规范的前提下，快速流畅击打，达到连击转换流畅的良好效果。但是，这个训练和击打力量训练不同，聚焦的是动作速度和转换速度。

利用短兵重量或手脚捆绑沙包进行训练。这种训练法主要是利用训练学上的后效应作用。也就是说，运动员负重由重到轻的训练，可以提高动作的加速度和动作力量。负重安排原则是：加重—标准—减轻。如短兵训练中，可以定制训练专用的各种型号的重型短兵，让运动员持重型短兵训练动作速度，然后再换成标准短兵进行训练。

④比赛法。在短兵训练中，教练员可以将运动员进行分组，采用组与组之间，或者个人之间进行比赛的方法来训练。这种训练方法主要是利用运动员竞争性心理，激发运动员斗志，培养顽强、不怕输的精神。如采用比赛单位时间内，运动员之间谁连招击打指定部位效率高等方法，来提升运动员专项速度素质。

3. 速度素质训练的要求和注意事项

①运动员要精神高度集中，以最快的速度完成动作。

②反应速度练习一般采用的动作应是运动员已熟练掌握的，且每组练习时间一般不超过30秒。

③专项动作速度训练尽可能与比赛的动作要求一致。

④教练员要严格控制好每组训练的间歇时间和休息方式。

（三）耐力素质训练

短兵是一项将各种身体素质融于一体的格斗性运动项目。它对运动员耐力素质的要求极高。充沛体能是保证运动员在竞技比赛中取得优异成绩的前提条件之一。因此，运动员在比赛中要想有效地发挥和运用技术、战术，同时还要在长时间激烈的对抗中有效地打击和防御对手，这就要求运动员具备必要的耐力素质。

短兵运动员耐力素质一般分为一般耐力素质和专项耐力素质。一般耐力素质包括有氧耐力和无氧耐力，就短兵运动而言，主要是以无氧耐力为主；专项耐力素质主要是力量耐力和速度耐力。因此，耐力素质训练应该贯穿于短兵运动员训练的过程始终。

在短兵训练中，常用的耐力素质训练方法有：

1. 一般耐力训练

有氧耐力训练主要采用强度小、负荷时间长的各种练习。训练方法通常有：

匀速长跑（一般是中、小负荷，心率控制在150次/分钟左右，时间至少持续30分钟以上）；跳绳（双飞跳或者单脚轮流交换跳，时间控制在15分钟左右）；或者可以借助球类项目进行比赛训练，如足球、篮球等球类比赛。

无氧耐力训练主要采用负荷强度大，练习密度大、间歇短的训练方法。短兵运动的一般无氧耐力训练通常方法是：采用60～80米间歇跑、100～400米变速跑等练习密度大、间歇时间短的中短距离跑。

短兵专项无氧耐力，主要是以短兵攻防动作组合为主，持续短时间、多组、数次击打沙袋。如连击劈砍打沙袋，3分钟/组 × 10组，每组间歇1分钟。为了更多地同短兵专项技术练习结合起来，还可以选用短兵技术动作以及小组合进行影子练习。限制时间，规定组数，如连续不断地快速做连击动作，直刺砍腿连击3分钟，间歇1分钟，做5组；刺足抡劈连击2分钟，间歇30秒，连续做5组；一防一反，攻防结合的格挡接横砍的动作组合进行3～5分钟影子练习，间歇2～3分钟，做5组。

除此之外，还可以进行坐桩实战，练习专项无氧耐力。即采用实战或条件性实战。由一人坐桩，连续打3～5局，每打一局轮换一名体力充沛的运动员与其对抗。需要指出的是，坐桩实战训练，一般不可以安排在基础训练阶段。即使具有一定短兵技术水平的运动员，也不宜安排过多。

2. 专项耐力素质训练

短兵专项耐力素质主要是指力量耐力和速度耐力。这两部分专项耐力素质在力量和速度素质训练方法中均有所述，主要是结合短兵运动攻防规律展开，在此不再赘述。

3. 发展耐力素质的要求和注意事项

①短兵运动员的耐力具有力量性、速度性的特点，安排运动员耐力训练不可以忽视短兵运动的耐力特点。

②短兵运动主要以无氧耐力为主，但是也需要科学地安排有氧耐力训练，有助于全面提高运动员身体机能。

③短兵运动耐力训练需要以一定持续时间为基础。因此，要科学、合理地安排练习的数量、强度、重复次数、间歇时间和休息方式。

④耐力训练容易使运动员产生疲劳，但是也有助于培养运动员坚忍不拔、吃苦耐劳的意志品质。因此，在耐力训练中，训练手段要多元化，合理安排恢复。

（四）柔韧素质训练

武术短兵对运动员的身体腕部、肩部、腰部、髋部等部位的柔韧素质都有着较高的要求。运动员柔韧素质好，一方面利于完成高质量的攻防动作，另一方面可以减少运动员损伤。

在短兵训练中，柔韧素质训练一般有主动和被动两种形式。

1. 主动形式训练

主动形式训练是指运动员依靠自己的力量或外力使身体各关节部位和肌肉拉长，增加活动范围。

（1）肩臂部位柔韧训练方法

①压肩。面对肋木或两人面对面站立，两脚开立与肩同宽，两手抓握肋木或搭在对手肩上，上体前俯，做下振压肩动作。要求前俯做到挺胸、塌腰、收髋。

动作要领：两臂、两腿伸直，压点集中于肩部，振动幅度或增加助力要由小到大。

②臂绕环。两脚开立与肩同宽，上体直立，两臂伸直举于头上方，既可以两臂同时向前或向后绕环一周，又可以两臂一前一后绕环一周。既可以根据教练员口令集体练习，也可以自己练习。

动作要领：两臂伸直，两肩放松，划立圆，逐渐加速绕环。绕环时，两臂要上贴耳朵，下贴身体两侧，垂直走立圆。

③乌龙盘打。两脚开立与肩同宽，两臂垂于体侧。左脚向左迈出成左仆步，上体随之左转，同时右臂向右后上方伸出；左掌手心向下向左前下叉掌，在左脚内侧。上动不停，上体右转成右弓步；同时右臂伸臂由右后向下、向左抡臂划弧至身后左下方；左臂由左下向上划弧至身前右上方。上动不停，右弓步变右仆步；同时右臂由身后左下方向上划弧经过右耳耳后继续向下划弧，在右脚内侧拍地；左臂由身前右前方向下、向后抡臂划弧至左上方，即右仆步拍掌。然后轮换，两手臂方向相反运行，步型变成左仆步，即左仆步拍掌。练习时左右交替进行。

动作要领：两臂伸直，向上抡臂时要贴近耳，向下抡臂时要贴近腿，眼随手走。

（2）腿部柔韧训练法

腿部柔韧性训练主要是提高腿部的灵活性、力量等素质。主要方法有：正压腿、侧压腿、后压腿、“吻靴”、仆步压腿、弓步压腿、竖叉、横叉、主动搬腿、踢腿等方法。

（3）腰部柔韧训练法

腰是连接上下肢体的枢纽。武术谚语曰：“练拳不练腰，终究艺不高。”腰部主要训练方法有前俯腰、甩腰、下腰、涮腰等方法。

动作要领：尽量增大绕环幅度，速度由慢到快。

2. 被动形式训练

被动形式训练是指在教练员或陪练帮助下使肌肉伸展、关节的活动范围增大。被动形式训练效果相对于主动形式训练效果较差，区别在于运动员参与度较低。一般短兵柔韧训练中，被动形式训练是作为主动形式训练的补充，通常两者交互使用。

被动形式训练方法有：

①被动压肩臂训练法。通常是教练员或陪练在运动员进行压肩训练时，给肩部一定的外力，有节奏或静止地给以助力。

②被动压腿训练法。主要是各种被动的搬腿。如正搬腿、侧搬腿、后搬腿等。

③被动腰部训练法。主要是“压桥”等方法。

3. 柔韧素质训练的要求和注意事项

（1）充分做好准备活动

运动员肌肉伸展性与肌肉的温度有关，要做好充分的准备活动，提高肌肉的温度，降低肌肉内部的黏滞性，再进行柔韧性训练。

（2）渐进性

柔韧素质训练不能急于求成，要逐步加大幅度，循序渐进，特别是在别人帮助下进行的被动性训练，更要小心进行，以避免造成拉伤甚至撕裂肌肉、韧带。

（3）持久性

柔韧性训练不是一朝一夕之功，运动员要经常训练，持之以恒。柔韧素质相较于其他素质容易消退。因此，柔韧性的训练要经常进行。短兵训练中，可安排在课前的准备活动、基本部分的结束阶段或课后进行。除此之外，还可以在力量练习和速度训练的休息间歇时进行适度拉伸，这样会收到良好的训练效果。

（4）全面性

根据武术短兵运动特点，发展柔韧素质要注意全面性。身体各个部分的柔韧素质训练要尽可能全面发展。但是要防止柔韧训练过程中，过分地发展柔韧性，导致关节和韧带变形，影响关节结构的牢固性。

二、短兵运动技、战术训练方法

（一）短兵运动技术训练

进攻技术训练是短兵技术训练的主体，其他步法和防守技术的训练都是为了更好地进攻。学习短兵进攻技术首先要掌握短兵技术动作的基本路线过程、着力点和击打部位。技术动作的基本路线过程和着力点是决定技术动作运用能够有效的关键环节，也是技术的要领。学习短兵技术要循序渐进，由易到难，由单招到组合，递进式地学习。

在短兵技术训练中，常采用的训练方法有：

1. 慢速度原地模仿训练法

模仿练习是短兵技术学习和训练的开始。运动员通过教练员的讲解、示范，建立直观动作表象，随之采用慢速度模仿练习。在模仿练习中，要重点体会、揣摩动作的路线和着力点。动作技术训练规范是模仿练习的前提，也是运动员日后运动竞技状态提升的技能保障。因此，教练员应高度重视，严格要求，有条件的应在教练员、同伴的指导下，或面对镜子，边练习边检查，不断强化、巩固正确的动作。这种模仿练习主要是以定步定式的单招或攻防招法训练为主。

2. 结合步法训练法

武术谚语曰："先看一步走，再看一伸手。"步法是调整短兵格斗双方距离的有效手段。因此，在定式技术训练基本规范的基础上，需要结合相应的步法练习，使技术与步法紧密联系，进而为实战做准备。如一个刺的动作，在实战时有进步刺、退步刺、左闪或右闪刺等，可作主动进攻，也可作防守反击。配合步法练习的重点，应解决身体下上的协调配合，做到步到兵器到，发力完整。这种训练方法主要以移步定式单招或攻防招法训练为主。

3. 影子技术训练法

所谓影子技术训练法，就是在运动员无对手的情况下，把自己的影子当作对手练习技术击打，或者面对镜子，对着镜子中的自己进行互相击打的一种短兵专门练习方法。

影子技术训练法的短兵动作路线是不规则的，运动员根据自己的意念自由发挥，假想同影子对手进行短兵练习。其运动量大小可以根据训练任务和运动员情况进行控制。既可以作为大运动量的技术训练，又可以作为调节体能的练习。其主要作用和意义是改进和熟练短兵技术，活跃运动员技术思维。

短兵技术训练时，从实战出发，面对镜子中自己的影子，做各种攻防改进和熟练短兵攻防技术的单招或组合练习，这样可以清楚地看清自己短兵技术是否正确。也可以对着自己的影子对手，做出各种流畅的进攻，便于有效地提高和巩固掌握技术的熟练程度，还能提高反应和动作速度。

需要强调的是，影子技术训练法容易犯的错误是：无目的、无速度、无技术，动作出击较为随便松懈，达不到技术训练目的。因此，短兵技术训练中的影子技术训练法要注意以下六点。

①影子技术训练中，注意短兵技术连击性训练，第一招后要及时地跟进第二招。同时维持好重心平衡，连击动作才有威慑力，对手才不敢轻易逼近，也便于自己及时地防守对手进攻。

②影子技术训练中，因无对手，运动员一般容易忽略发力。因此，要求运动员无论击打何种短兵技术，思想意识上都要像同真正对手实战一样，动作快速有力。

③影子技术训练时，要技术结合步法训练，有进有退。根据自己意图，不断地出击短兵和移动步法。步法要有目的移动，随着短兵的攻防技术动作移动，步法轻快、巧，身步短兵协调一致。千万不要站着出击短兵，更不要漫无目的地移动步法和跳跃，浪费体力。

④影子技术训练，要学会用鼻子深呼吸。短兵比赛，头戴盔帽，用嘴呼吸比较困难，必须学会用鼻子呼吸。

⑤影子技术训练，要培养时间感觉。短兵比赛每局比赛2分钟。优秀的短兵运动员在紧张激烈的比赛中能清楚地知道每局比赛还剩余多少时间，把握场上时间的主动权，根据场上自己的得分情况，决定自己的进攻节奏。因此，在影子技术训练中，要注意培养和体会每个回合的时间感。

⑥影子技术训练，要学会放松自然练习短兵攻防技术，使自身肌肉群紧张与放松有序地交替进行。短兵攻防技术动作要有力量和速度，击打力量要强，反应速度要快而准。

4. 不接触的攻防训练法

教练员要求两人一组，拉开格斗距离，双方不接触，规定一方主动进攻，另一方防守反击。开始可要求只做单招进攻、单招防守，随着训练水平提高，逐渐过渡到连招进攻，动作由易到难。还可以在训练水平提高后，不规定进攻方和防守方，要求双方根据对方动作，及时地做出进攻或防守的反应及出招。

不接触的攻防练习虽然双方不接触，但是双方距离也不适宜过远。同时要求对方既要“点到为止”，还要有一定动作击打力度。

不接触的攻防训练法还包括模拟性的影子训练。即模拟比赛对手，如何防守对方进攻，如何躲闪对手短兵攻击并给予有效地反击。这种模拟性影子训练要求要摸透比赛对手的短兵进攻套路和战术打法，才能针对性模拟，进而在比赛中做到心中有数。

5. 喂靶训练法

短兵的喂靶训练一般有固定靶、活动靶和实战靶三种形式。

通常所说的固定靶，是指教练员或陪练出示的靶位和位置固定不变，让运动员练习固定招法。这种训练靶法有助于改进运动员技术及培养良好的实战距离。活动靶是指根据训练内容，教练员或陪练将出示靶位忽快忽慢、忽近忽远、忽左忽右，不断地更换靶位和靶距离。运动员要根据靶位变化，运用步法灵活地调整距离，准确击打靶子。这种训练法有利于提高运动员出短兵速度、反应速度和准确的实战距离感。实战靶是教练员或陪练同运动员进行的类似实战的练习。教练员或陪练要一手持靶，一手持短兵，要求运动员抓住时机，及时准确地击打靶。教练员出示什么样靶位，运动员要打出相应的短兵招式，同时还要防守教练员随时做出的进攻。这种训练法有助于快速提高运动员的短兵实战能力。

6. 条件实战法

条件实战法是短兵训练中，教练员根据训练内容和运动员技战术情况，进行的一种有条件限制的实战练习方法。如规定只能用劈或进攻；只能用点或刺，不得使用其他进攻方法；一方主动攻，另一方防守反击；等等。此法的优点是针对性强，能有效地训练和提高运动员的某些技战术能力。

需要指出的是，用条件实战法训练技术，往往在训练中也具有战术要素。在此，技战术是交融在一起的，只是聚焦技术多一些罢了。因而可以说，用条件实战训练短兵技术是一种短兵技战术交融在一起的技术训练，在实践中，很难对此做出截然分割。另外，需要强调的是，条件实战其实是短兵实战的初级阶段和进行短兵技战术训练时常用的一种训练手段和方法。

7. 实战练习法

实战练习法是短兵训练中，教练员为了检验和提高技术及训练效果而进行的一种训练方法。要求运动员双方按照比赛规则进行实战。实战中，教练员要及时发现运动员技术运用存在的问题，及时给予指正；实战后，要根据实战暴露出的技术问题，及时在下次训练中安排相应的技术训练，这样才能达到良好的实战效果和目的。

（二）短兵运动战术训练

1. 战术训练的基本要求

（1）培养运动员战术意识

一般在短兵比赛中，赛前需要制订战术，赛中需要运动员根据对手情况及时调整战术，赛后需要总结战术。战术运用成功与否对比赛成绩具有至关重要的作用，尤其是在双方实力均等的情况下。其中，战术意识是战术能力的核心，因而培养战术意识是战术训练的中心环节。因此，在短兵训练中，教练员要通过各种手段和方法，提高运动员战术意识水平。

（2）基本战术同多种战术相结合

“一招鲜，吃遍天”。但是，在现代短兵竞技比赛中，靠一种战术打法想通吃比赛的做法几乎是不可能的。因此，单一的战术打法，在比赛中很容易被对手适用，进而破解。因而，这就要求教练员在战术的训练中，要让运动员精练几套基本战术。这样，运动员才能在临场比赛中，根据已掌握的技术、战术，随着战局的发展灵活应用。同时还要根据不同类型的对手训练不同的战术打法。但是，要记住，在战术训练中，既不能华而不实，求多不求精，也不能把战术训练过于单一化。

（3）要重视战术训练的质量

战术质量是衡量战术运用好坏的重要指标之一。在战术训练中，运动员要从实战出发去训练战术，尤其在实战中去磨炼战术，掌握战术、动作、力量、速度、时机、判断、反应、节奏、方向、距离、角度等要素，要做到对战术的理解和运用出神入化，才能在比赛中灵活运用。

（4）战术训练要同其他训练相结合

短兵比赛中，战术运用是否成功，取决于多种因素。抛开对手不谈，战术训练质量的好坏与身体训练、技术训练、心智训练有着密切的关系。在短兵比赛中，体能是战术基础，技术是战术保障，灵活运用是战术关键，知己知彼是战术前提。因此，在短兵训练中，运动员的战术训练要同体能、技术、心智等训练相结合。

2. 战术训练的方法

（1）影子战术训练法[①]

影子战术训练法与前面的影子技术训练法有相似的要求，但是也有其自身特色。影子战术训练法的主要作用和意义是丰富运动员战术意识，促进战术思维活动。

影子战术训练法主要要求是，运动员带着战术进行训练，把自己置于一种战斗的状态，然后根据假想的影子对手的战术，设计并训练自己的战术，运用战术进攻与防守，虚实结合，真假结合，声东击西。将防守反击、格挡反击、直刺迎击等结合起来，如影子对手为“主攻抢打”，则可用相应的以“防守反击战术”破之。这种影子战术训练法是具有战术目的的攻防练习，可以丰富运动员的战术意识和活跃其战术思维。这种练习可以一个战术反复练习，也可多种战术变化练习；可以单法练习，也可以配套练习。

总之，影子战术训练可以设想自己的影子对手出击的各种情况给予反击。还可以对沙袋、假人等目标进行预想战术练习。这种影子练习法主要目的是培

①影子训练法是短兵运动一项专门练习法。除了影子技术训练法、影子战术训练法外，它还包括提高力量的影子训练法、模拟性的影子训练法和调节体能的影子训练法。

养战术意识，掌握各种战术的具体用法。但是，需要注意的是，进行影子战术训练的战术目的要明确，攻防技术动作要规范、有力，千万不可无战术目的，随便散漫地进行短兵攻防练习。

（2）战例分析训练法

通过比赛录像，或教练员提前有目的地剪辑一些战术视频，让运动员有意识地观摩，然后集中研讨。教练员可以有目的性地引导学生分析，如战术运用好在什么地方，错误在哪，应选用什么样的战术等。还可以通过某一战术运用正确与错误的案例进行对比分析，深化并提高运动员对某一战术的认识。

（3）战术分解训练法

比赛中，一个战术形式往往需要由几个技术动作组成。为了深化战术认识和理解，教练员可以对战术进行分解，让运动员了解战术动作之间的关系。如短兵的“指上打下”佯攻战术，直刺对方头部是佯攻，砍击对方腿部是实招。可以进行拆分讲解，第一步直刺是砍击的前提，要求要轻快，是虚的，但是要让对方觉得是真的、实的；第二步砍击在佯攻成功的基础上，及时进攻。通过分解，让运动员明白这一战术第一步和第二步之间的关系，运动员理解了，训练才能取得好的效果。

（4）“喂引”训练法

这个在前面专项教学方法中已经讲过了。在此不再赘述。需要强调的是，只要在技术喂引教学中，有目的地加入战术要素即可，而且要根据不同战术采用不同的喂引招法。

（5）模拟训练法

所谓模拟训练法就是教练员或陪练有意识地模拟不同对手技战术打法，有针对性地专门训练某些战术的方法。这种训练法有助于快速提高运动员战术适应能力和运用能力。譬如，模拟左撇子对手、模拟主动进攻对手等。

（6）实战比赛法

“既得艺，必试敌”。实战比赛是训练和检验战术运用的最有效手段。可以根据不同训练内容和比赛对手，安排运动员进行不同的实战。需要强调的是，实战中，教练员要及时地指出运动员战术运用存在的问题；实战后，教练员和运动员要及时地进行总结，养成研讨战术的良好习惯，牢固树立战术观念。

本章思考探索题：

（1）短兵运动基本教学原则有哪些？

（2）短兵运动专项个性教学方法有哪些？

（3）短兵运动基本训练原则有哪些？

（4）短兵运动基本训练方法有哪些？

（5）短兵运动实战的文化价值是什么？

第六章　短兵运动竞赛规则①

第一节　通则

第一条　竞赛性质

团体赛、个人赛。

第二条　竞赛办法

（一）淘汰赛、循环赛。
（二）每场比赛采用三局两胜制，每局比赛2 分钟，局间休息1 分钟。

第三条　参赛资格

（一）运动员赛前必须提交本人15 天以内县级以上医院出具的包括脑电图、心电图、血压、脉搏等指标在内的体格检查证明；运动员赛前必须提交参加比赛的人身保险证明。

（二）运动员的参赛年龄为18～45 周岁。

第四条　体重分级

（一）男子：

1．60公斤级以下（≤60kg）
2．60～75公斤级（＞60kg～≤75kg）
3．75公斤级以上（＞75kg）

①国家体育总局武术运动管理中心. 武术短兵竞赛通用规则（2015年修订版）［EB/OL］. http：//www.sport.gov.cn/ws2x/index.html.

（二）女子：

1. 58公斤级以下（≤58kg）

2. 58公斤级以上（＞58kg）

第五条　称量体重

（一）称量体重必须在仲裁委员的监督下，由检录长负责，编排记录员配合完成。

（二）经资格审查合格后，方可参加称量体重。

（三）运动员称量一次体重，必须按大会规定时间到指定地点称量体重。称量体重时裸体或只穿短裤（女运动员可穿紧身内衣）。

（四）称量体重先从体重轻的级别开始，每个级别在一个小时内称完。如体重不符且在规定的称量时间达不到报名级别时，则不准参加比赛。

第六条　抽签

（一）抽签由编排记录组负责，由仲裁委员会主任、总裁判长及参赛队的教练员或领队参加。

（二）抽签在称量体重后进行，由小级别先开始。

（三）由各队教练员或领队为本队运动员抽签。

第七条　服装护具和短兵

（一）运动员必须着大会规定的服装。

（二）运动员必须穿戴大会指定的护具。护具由护头、护身、护裆、护手、护腿（小腿）组成。

（三）竞赛场上统一使用大会提供的短兵。

（四）短兵的长度、重量和配重。

短兵身长80cm，柄长20cm，全长100cm；护手盘的厚度为1cm，计算在柄长度之内；短兵的总重：男选手用500克，女选手用400克。短兵身直径为3cm，短兵身梢节的3cm为缓冲软垫。

配重：短兵的重心距护手盘20cm左右，约在短兵身后1/4 处为平衡的支点。

第八条　比赛场地

比赛场地为直径9米的圆形场地。（见附件）

第九条　竞赛中的礼节

（一）授短兵时，运动员向教练员行单腿跪接礼，接短兵后行持短兵礼。

（二）介绍运动员时，运动员须站在对应的阴阳鱼眼位置向观众行持短兵礼。

（三）比赛开始前，运动员相互行持短兵礼。场裁发出“预备”口令，双方运动员做实战预备势；场裁发出“开始”口令，比赛正式开始。

（四）宣布结果时，运动员交换站位，宣布结果后，运动员相互行鞠躬礼，再同时向场裁行鞠躬礼，裁判员回抱拳礼；然后向对方教练员行鞠躬礼，教练员回抱拳礼。

（五）边裁换人时，互相行抱拳礼。

第十条　弃权

（一）比赛期间，运动员因伤病（需有医务监督员出具的诊断证明）或体重不符不能参加比赛，作弃权论，不再参加后面场次的比赛，但已进入名次的成绩有效。

（二）比赛时，运动员实力悬殊，为保护本方运动员的安全，教练员可举弃权牌表示弃权，运动员也可举手要求弃权。

（三）不能按时参加称量体重、赛前3 次检录未到或检录后擅自离开，不能按时上场者，作无故弃权论。

（四）比赛期间，运动员无故弃权，取消本人全部成绩

第十一条　竞赛中的有关规定

（一）临场执行裁判员应集中精力，不得与其他人员交谈，未经裁判长许可不得离开席位。

（二）运动员必须遵守规则和比赛礼仪，尊重和服从裁判员。在场上不准有吵闹、谩骂、甩护具和短兵等任何表示不满的行为。比赛未宣布比赛结果前，运动员不得退场（因伤需急救者除外）。

（三）比赛时，每名教练员只能代表所报名单位，坐在指定位置进行出场指导，并只能带一名队医或助手协助工作。

（四）运动员严禁使用兴奋剂，局间休息时不得输氧。

第二节　裁判人员及其职责

第十二条　裁判人员的组成

（一）总裁判长1人，副总裁判长1～2人。

（二）裁判长、副裁判长各1人。

（三）场裁1人、边裁3人。

（四）记录员、示分员、计时员各1人。

（五）编排记录长1人。

（六）检录长1人。

第十三条　辅助裁判人员的组成

（一）编排记录员1～2人。

（二）检录员4～6人。

（三）医务监督员1人，医务人员2～3人。

（四）宣告员1～2人。

（五）电子计分系统操作员2～3人。

第十四条　裁判人员的职责

（一）总裁判长

1. 负责组织裁判人员学习竞赛规程、规则和裁判法。

2. 检查落实场地、器材、比赛用具及称量体重、抽签、编排等有关竞赛的准备工作。

3. 根据竞赛规程、规则的要求，解决竞赛中的有关问题。但不能修改竞赛规程和规则。

4. 每场比赛，运动员因弃权变动秩序，应及时通知裁判长、编排记录长和宣告员。

5. 比赛中指导各裁判组的工作，根据需要可以调动裁判人员。

6. 负责检查裁判员执行规则的情况。裁判组出现有争议的问题，有权做出最后决定。

7. 审核、签署和宣布比赛成绩。

8. 向大会递交书面总结。

（二）副总裁判长

协助总裁判长工作，总裁判长缺席时，可代行其职责。

（三）裁判长

1. 负责本组裁判员的学习和工作安排。

2. 比赛中监督和指导裁判员、计时员、记录员的工作。

3. 场裁有明显错判、漏判时，鸣哨提示改正。

4. 场裁出现明显错判，宣布结果前征得总裁判长同意后可以改判。

5. 根据临场运动员的情况和记录员的记录，处理优势胜利、出界、处罚、强制读秒等有关规定事宜。

6. 每场比赛结束后，宣告评判结果，审核比赛成绩并签名。

（四）副裁判长

协助裁判长工作，根据需要可以兼任其他裁判员的工作。

（五）场裁

1. 检查场上运动员的护具，保障比赛安全。

2. 用口令和手势指挥运动员进行比赛。

3. 判定运动员得分、短兵掉地、出界、警告、劝告、消极、临场治疗等有关事宜。

4. 宣布每场比赛结果。

（六）边裁

根据规则规定举旗示意运动员得分。

（七）记录员

1. 赛前认真将有关信息填入记录表。

2. 参加称量体重工作，并将每名运动员的体重填入每场比赛的记录表。
3. 根据场裁的口令和手势，记录运动员被警告、劝告、出界的次数。

（八）示分员

1. 赛前认真将有关信息填入记录表。
2. 根据场裁口令和手势，翻牌示分，并记录运动员得分情况。

（九）计时员

1. 赛前检查铜锣或哨子、计时钟、核准秒表。
2. 负责比赛、暂停、局间休息的计时。
3. 每局比赛结束鸣锣通告。

（十）编排记录长

1. 负责运动员资格审查，审核报名表。
2. 负责组织抽签，编排每场比赛秩序表。
3. 准备比赛中所需要的表格、审查核实成绩，录取名次。
4. 登记和公布各场比赛成绩。
5. 统计和收集有关材料，汇编成绩册。

（十一）编排记录员

根据编排记录长分配的任务进行工作。

（十二）检录长

1. 负责称量运动员的体重。
2. 负责护具的准备与赛中护具的管理。
3. 赛前20分钟负责召集运动员检录。
4. 检录时，如出现运动员不到或弃权等问题，及时报告总裁判长。
5. 按照规则要求，检查运动员的服装和护具。

（十三）检录员

根据检录长分配的任务进行工作。

（十四）宣告员

1. 简要介绍竞赛规程、规则和有关宣传材料。
2. 介绍上场的裁判员、运动员。
3. 宣告评判结果。

（十五）医务监督

1. 审核运动员《体格检查表》。
2. 负责赛前对运动员进行体检抽查。
3. 负责临场伤病的治疗与处理。
4. 负责因犯规造成运动员受伤情况的鉴定。
5. 负责竞赛中的医务监督，对因伤病不宜参加比赛者，应及时向总裁判长提出其停赛建议。
6. 配合兴奋剂检测人员检查运动员是否使用违禁药物。

（十六）电子计分系统操作员

负责与电子计分系统操作相关的工作。

第三节　仲裁委员会及其职责

第十五条　仲裁委员会的组成

由主任、副主任、委员3或5人组成。

第十六条　仲裁委员会的职责

（一）仲裁委员会在大会组委会的领导下进行工作。主要受理参加比赛的运动队对裁判人员有关违反竞赛规程、规则的判决结果有不同意见的申诉。

（二）受理参赛队对裁判员执行竞赛规程、规则的判决结果有异议的申诉，但只限对本队裁决的申诉。

（三）接到申诉后，应立即进行处理，并将裁决结果及时通知有关各方。

（四）根据申诉材料提出的情况，必要时可以复审录像，进行调查。召开仲裁委员会讨论研究。可以吸收有关人员列席会议，但无表决权。仲裁委员会出席人数必须超过半数以上，表决时超过半数以上做出的决定方为有效。表决票数结果相等时，仲裁委员会主任有终裁权。

（五）仲裁委员会成员不参加与本人所在单位有牵连问题的讨论和表决。

（六）对申诉材料提出的问题，经过严格认真复审，确认原判无误，则维持原判；如确认原判有明显错误，仲裁委员会可以改变比赛结果；仲裁委员会的裁决为最终裁决。

第十七条　申诉程序及要求

（一）参赛队如果对判决结果有异议，必须在该运动员比赛结束后15分钟内，由本队领队或教练员向仲裁委员会提出书面申诉，同时交付1000元的申诉费。如申诉正确，退回申诉费；申诉不正确时，则维持原判，申诉费不予退还。

（二）各队必须服从仲裁委员会的最终裁决。如果因不服裁决无理纠缠，将视情节轻重，按照中国武术协会的有关规定进行严肃处理。

第四节　竞赛监督委员会及其职责

第十八条　竞赛监督委员会的组成

由主任、副主任、委员3或5人组成。

第十九条　竞赛监督委员会的职责

（一）监督仲裁委员会的工作。对于不能正确履行仲裁委员会职责，裁决运动队的申诉不公，有违反《仲裁委员会条例》的人员，视情节轻重，给予批评、教育、撤换乃至停止工作的处分。

（二）监督裁判人员的工作。对于不能正确履行自己的职责，不能严肃、认真、公正、准确地进行评判，有明显违反竞赛规程、规则的行为者；有明显错判、漏判、反判的行为者；接受运动队的贿赂，以不正当的手段偏袒运动员者。视情节轻重，给予批评、教育、撤换、停止工作，乃至建议对其实施降级或撤销其裁判等级的处分。

（三）监督参赛单位各领队、教练、运动员的行为。对于不遵守《赛区工作条例》《运动员守则》，不遵守竞赛规程、规则及赛场纪律，对裁判人员行贿，运动员之间搞交易、打假赛等有关违纪人员，视情节轻重，给予批评、教育、通报、取消比赛成绩、取消比赛资格等处分。

（四）竞赛监督委员会听取领队、教练、运动员、仲裁人员、裁判人员对竞赛过程中的各种反映及意见，保证竞赛公正、准确、圆满、顺利地进行。

（五）竞赛监督委员会不直接参与仲裁委员会、裁判人员职责范围内的工作，不干涉仲裁委员会、裁判人员正确履行自己的职责，不介入判决结果的纠纷，不改变裁判人员、仲裁委员会的判决结果。

第五节　技法要求、得分标准与判罚

第二十条　禁击部位

后脑、颈部、裆部。

第二十一条　得分判定

（一）得2分

1. 短兵脱手掉地，对方得2分。
2. 出界，对方得2分。
3. 受警告1次，对方得2分。

（二）得1分

1. 有效击中对方除禁击部位外的全身任何部位，得1分。
2. 失去重心倒地者，对方得1分。
3. 主动倒地有效击中对方并且立即站起的，得1分。
4. 用手抓握对方短兵兵身者，对方得1分。
5. 受劝告一次，对方得1分。

（三）不得分的情况

1. 技法不清楚，击中效果不明显，不得分。
2. 双方同时击中，不得分。
3. 双方短兵同时或相继脱手落地，不得分。
4. 双方同时或相继出界，不得分。

第二十二条　犯规与罚则

（一）技术犯规

1. 比赛消极，场裁指令进攻5秒后仍不进攻者。
2. 比赛中对对手或裁判员有不礼貌的行为或不服从裁判。
3. 2 次以上违反礼仪要求者。
4. 主动倒地进攻后未按规定要求立即站起者。

（二）侵人犯规

1. 击中对方禁击部位。
2. 在口令“开始”前或喊“停”后进攻对方。
3. 用短兵兵身以外的物体或身体部位打击对方。
4. 用短兵掷击对方。

（三）罚则

1. 每出现一次侵人犯规，警告一次，对方得2分。
2. 每出现一次技术犯规，劝告一次，对方得1分。
3. 一局比赛中一方得到两次警告，即判对方本局胜。
4. 一场比赛中一方累记四次警告，即判对方本场胜。

第二十三条　暂停比赛

（一）运动员有效击中得分时。
（二）短兵脱手掉地时。
（三）运动员被指定进攻一方达5秒仍无进攻时。
（四）运动员出界或倒地时。
（五）运动员犯规受罚时。
（六）运动员护具松、脱影响比赛时。
（七）比赛中短兵受损影响比赛时。
（八）运动员受伤时。
（九）运动员举手要求暂停时。
（十）裁判长纠正错判、漏判时。

（十一）处理场上问题或发现险情时。

（十二）因灯光、场地等客观原因影响比赛时。

第六节　胜负与名次评定

第二十四条　胜负评定

（一）优势胜利

1. 在比赛中，双方实力悬殊，场上裁判征得裁判长的同意，判技术强者为该场胜方。

2. 一局比赛中，比分相差达10分时，判得分多者为该场胜方。

3. 被重击（侵人犯规除外）不能继续比赛者，经医务监督检查诊断，判对方为该场胜方。

4. 比赛中，运动员出现伤病，经医务监督诊断不能继续比赛者，判对方为该场胜方。

（二）比赛结束时，依据评判记分结果，判定胜负。

（三）比赛中因一方犯规，另一方诈伤，经医务监督确诊后，判犯规一方为该场胜方。

（四）因对方犯规而受伤，通过医务监督检查确认不能再比赛者，为该场胜方。但不得参加以后的比赛。

（五）淘汰赛时，一场比赛中，如双方出现平局，按下列顺序决定胜负：

1. 受警告少者为胜方。

2. 受劝告少者为胜方。

3. 体重轻者为胜方。

上述三种情况仍相同，则加赛一局决定胜负。

第二十五条　名次评定

（一）个人名次

1. 淘汰赛时，直接产生名次。

2. 循环赛时，积分多者名次列前，若两人或两人以上积分相同时，按下列顺序排列名次：

（1）负局数少者列前。

（2）受警告少者列前。

（3）受劝告少者列前。

上述三种情况仍相同时，名次并列。

（二）团体名次

1. 名次分。

（1）各级别录取前八名时，分别按9、7、6、5、4、3、2、1 的得分计算。

（2）各级别录取前六名时，分别按7、5、4、3、2、1 的得分计算。

2. 积分相等时的处理办法。

两个或两个以上的团体分数相等时，按下列顺序排列名次：

（1）按个人获第1 名多的队名次列前；如再相等时，按个人获第2名多的队名次列前，依次类推。

（2）受警告少的队名次列前。

（3）受劝告少的队名次列前。

如以上几种情况仍相等时，则名次并列。

第七节　编排与记录

第二十六条　编排

（一）编排的准备工作

1. 学习竞赛规程，掌握下列情况：

（1）竞赛性质、竞赛办法。

（2）大会期限。

（3）体重分级。

（4）参加办法及人数。

（5）录取名次及奖励办法。

2. 审核报名表（见表1）。

3. 统计各级别人数。

（二）编排原则

1. 以竞赛规程、报名表和大会的总时间为依据。

2. 同一级别、同一轮次的比赛应相对集中安排，条件要均等。
3. 同一单元的比赛由体重轻的级别开始。

（三）编排方法

1. 根据竞赛办法，计算各级别轮次和场数。
2. 编排竞赛日程表（见表2）。
3. 绘制竞赛轮次表（见表3）。
4. 编排每场比赛秩序表。
5. 淘汰赛可采用抢号的办法。

第二十七条　记录

（一）记录员将劝告、警告、出界、取消比赛资格分别填入记录中（见表4）。

（二）循环赛制时，编排记录组根据每场比赛的结果在记分表中为胜方计2分，负方计0 分，平局时各计1 分。因对方弃权获胜时，计2 分，弃权者计0分。

表1　短兵比赛报名表

队名：　　　领队：　　　教练员：　　　医生：

序号	姓名	性别	出生年月	体重	58公斤	58公斤以上	60公斤	75公斤	75公斤以上	备注

医院章：　　　单位章：　　　联系电话：　　　年　　月　　日

表2　短兵竞赛日程表

时间			级别	轮次	场数		备注
日	上午		公斤级	（　）			
			公斤级	（　）			
			公斤级	（　）			
	晚上		公斤级	（　）			
			公斤级	（　）			
			公斤级	（　）			
日	上午		公斤级	（　）			
			公斤级	（　）			
			公斤级	（　）			
	晚上		公斤级	（　）			
			公斤级	（　）			
			公斤级	（　）			
日	上午		公斤级	（　）			
			公斤级	（　）			
			公斤级	（　）			
	晚上		公斤级	（　）			
			公斤级	（　）			
			公斤级	（　）			

表3　短兵竞赛轮次表

1. 单循环赛（3人）

第一轮	第二轮	第三轮
1—0	1—3	1—2
2—3	0—2	3—0

人数为N，轮数=$N-1$，场数=$N(N-1)/2$

N为偶数时，轮数=$N-1$

N为奇数时，轮数=N

2. 单败淘汰赛（8人）

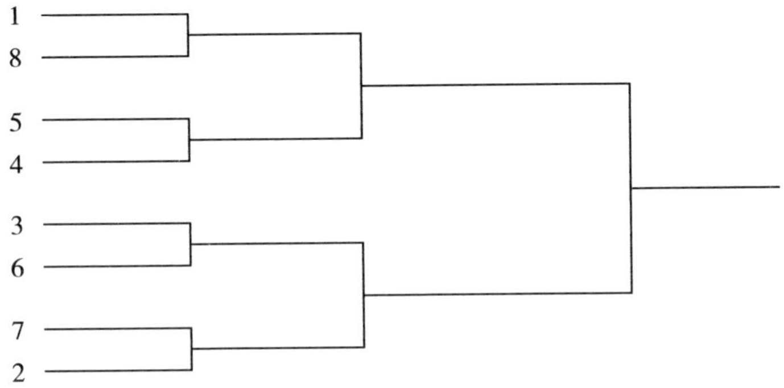

场数=$N-1$（N为人数）

3. 双败淘汰（16人）

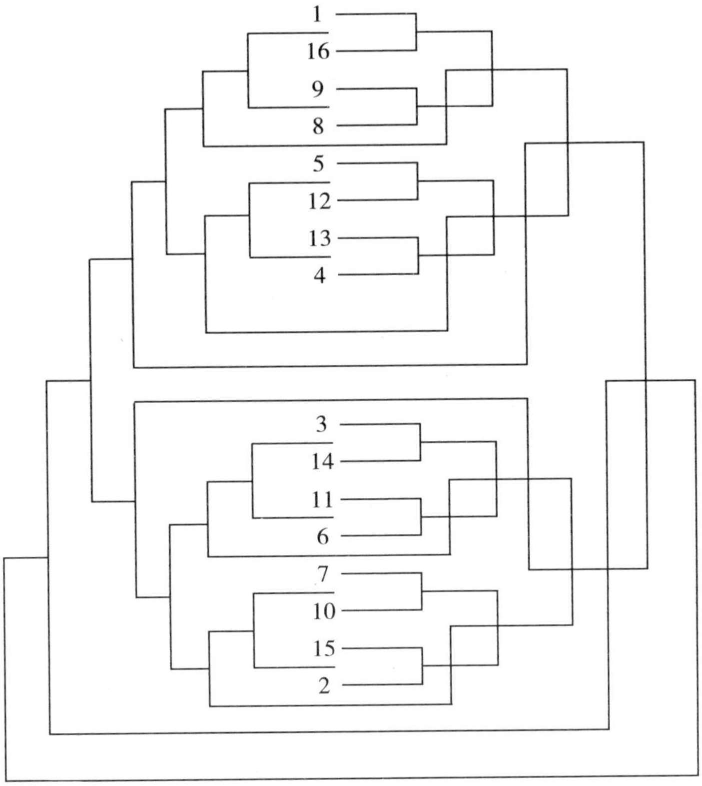

轮数=$2N$（N为2的乘方数）

场数=$2N-2$（N为人数）

表4 记录表

级别 红方 黑方

判罚 姓名 局数		得分	警告	劝告	出界	每局胜负	备注
第一局							
第二局							
第三局							
结果							

裁判长 记录员 年 月 日 第 场

第八节 礼仪与场裁口令和手势

第二十八条 礼节与场裁口令和手势

（一）抱拳礼

双腿并立，左掌右拳于胸前相抱，高与胸齐，手与胸之间距离为20～30厘米（图6-1）。

图6-1

（二）上台

站立在擂台中央两臂侧平举，掌心朝上指向双方运动员（图6–2）。在发出指令的同时，屈肘成 90°，掌心相对（图6–3）。

图6–2

图6–3

（三）授短兵礼

双方运动员到指定位置（图6–4），而后面向场裁，左腿向前跨步，右腿屈膝跪地，低头敬礼，双手上抬，掌心朝上，成双手接短兵状（图6–5），场裁授予短兵（图6–6）。

图6–4

图6–5

图6–6

（四）持短兵敬礼

双手分别由外向内合抱拳于胸前，右手掌护于左拳面处，短兵的柄末端朝上，兵尖朝下，自然垂于体前，眼平视对方。

（五）第一局

面向裁判长席，成弓步，在发出“第一局”口令的同时，一只手食指竖起，其于四指弯曲成握拳状，直臂前举（图6–7）。

图6–7

（六）第二局

面向裁判长席，成弓步，在发出“第二局”口令的同时，一只手食指、中指伸直分开竖起，其余三指弯曲，直臂前举（图6–8）。

图6–8

（七）第三局

面向裁判长席，成弓步，在发出“第三局”口令的同时，一只手拇指、食指、中指分开竖起，其余两指弯曲，直臂前举（图6–9）。

图6–9

（八）“预备—开始”

立于双方运动员中间成弓步，在发出“预备”口令的同时，两臂伸直，掌心朝上指向双方运动员（图6–10）。而后单臂前上举（图6–11），在发出“开始”口令的同时，单臂向下挥切于腹前（图6–12），而后迅速屈臂回提到肩部再放下。

图6–10

图6–11

图6–12

（九）“停”

在发出“停”的口令同时成弓步，立掌单臂伸向双方运动员中间（图6–13、图6–14）。

（十）得分

得分方一侧立掌单臂直立上举（图6–15）。

图6–13

图6–14

图6–15

（十一）掉地

一臂伸直掌心朝上指向短兵脱手掉地运动员，另一只手手臂伸直，食指伸出其余四指弯曲，在发出“某方”口令的同时，食指向前下指向地面（图6–16）。

图6–16

（十二）消极5秒

一只手小指和无名指弯曲，在发出“某方”口令的同时，其余八指自然分开伸直，上举于体前（图6–17）。

图6–17

（十三）指定进攻

一臂伸向双方运动员中间，手心朝下，拇指伸直，其余四指弯曲，在发出“某方”进攻口令的同时，向拇指方向横摆（图6–18）。

图6–18

（十四）一方出界

一臂前平举掌心朝上指向出界一方，在发出“某方”口令的同时，另一只手立掌，手心朝下前，向体侧前下45° 划出（图6–19～图6–21）。

图6–19

图6–20

图6–21

（十五）无效

两臂伸直，掌心朝内，在腹前交叉摆动1次（图6–22～图6–24）。

图6–22

图6–23

图6–24

（十六）击裆

一臂伸直掌心朝上指向犯规运动员，在发出“某方”口令的同时，另一只手掌心向内指向裆部（图6-25）。

图6-25

（十七）击后脑

一臂伸直掌心朝上指向犯规运动员，在发出“某方”口令的同时，另一只手抚按后脑（图6-26）。

图6-26

（十八）抓兵器犯规

一臂伸直掌心朝上指向犯规运动员，在发出“某方”口令的同时，双臂屈于胸前，一只手抓于另一只手腕部（图6-27）。

图6-27

图6-28

（十九）警告

一臂伸直掌心朝上指向犯规运动员，在发出“某方”口令的同时，另一只手屈肘成90°握拳上举于体前，拳心朝后（图6-28）。

图6-29

（二十）劝告

一臂伸直掌心朝上指向犯规运动员，在发出“某方”口令的同时，另一臂屈肘成90°立掌上举于体前，掌心朝后（图6-29）。

图6-30

（二十一）取消比赛资格

一臂伸直掌心朝上指向犯规运动员，在发出“某方”口令的同时，两手握拳，前臂交叉于胸前（图6-30）。

（二十二）急救

面对大会医务席，两手立掌，前臂在胸前成十字交叉（图6–31、图6–32）。

图6–31

图6–32

（二十三）休息

两臂侧平举掌心朝上指向双方运动员休息处（图6–33）。

图6–33

（二十四）交换站位

站立在擂台中央，两臂伸直掌心朝内在腹前交叉（图6–34）。

图6–34

（二十五）获胜

平行站于两名运动员中间，一只手握获胜运动员手腕上举（图6-35、图6-36）。

图6-35

图6-36

第二十九条　边裁旗的表示方法

边裁一手拿红旗，一手拿蓝旗，分别代表参赛双方。当判定一方技术有效得分时，用与该方同一颜色的旗子，向上直臂上举。

第九节　场地与器材

第三十条　场地

（一）场地规格

比赛场地为高10厘米，长1200厘米，宽1200厘米的地台，台面上铺有软垫；软垫上铺有盖单，台中心画有直径900厘米的圆形比赛区域；圆形比赛区域边缘有5厘米宽的白色边线，台面四边向90厘米处画有10厘米宽的黄色警戒线（图6-37）。

（二）武术短兵比赛场地平面示意图

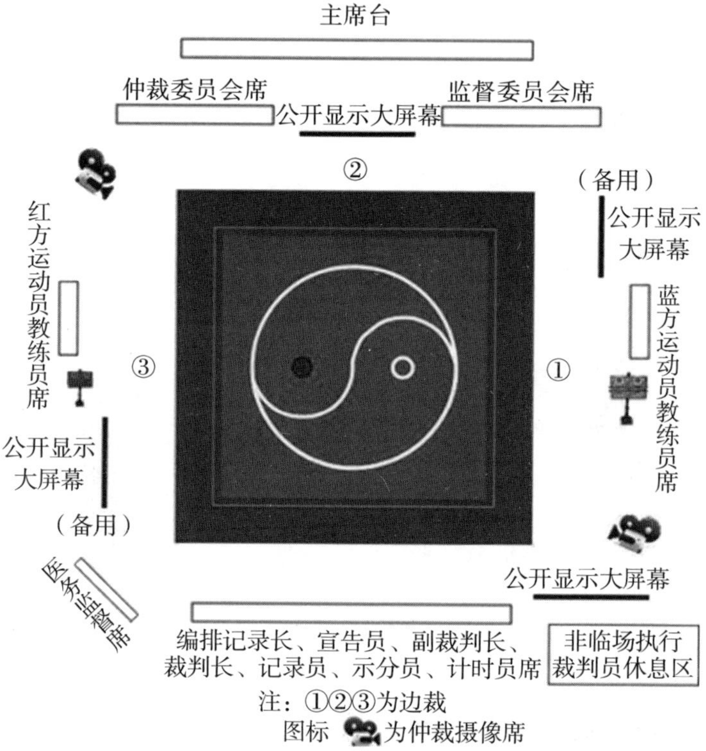

图6-37　武术短兵比赛场地平面示意图

第三十一条　器材

（一）短兵裁判器材

短兵裁判用具、包括：

（1）裁判旗。由绸缎旗面和旗杆组成的红色或蓝色小旗。旗面高25厘米、宽40厘米（图6-38）。旗杆长50厘米，共需1块，其中红色4面、蓝色4面、红与蓝阴阳旗4面。

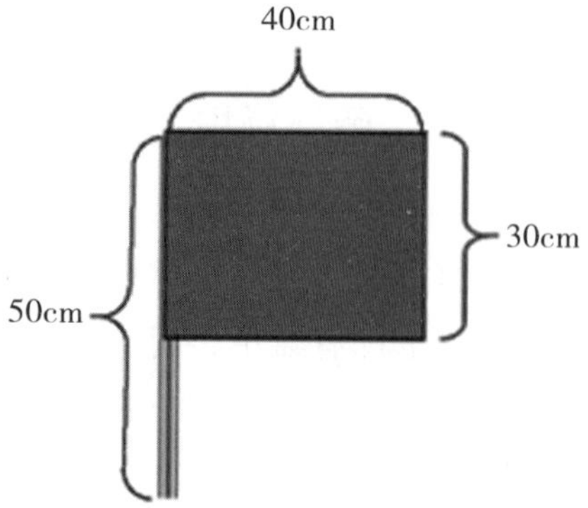

图6-38

（2）劝告牌。呈长方形，长15厘米，宽5厘米，黄色板面，上写

“劝告”两字。

（3）警告牌。呈长方形，大小同劝告牌，板面写“警告”两字。

（4）出界牌。呈长方形，大小同劝告牌，板面写“出界”两字。

（5）放牌架。用于放置出界牌、劝告牌和警告牌。长40厘米，高10厘米。短兵比赛需红色和蓝色放牌架各一个。

（二）短兵架

架高130厘米。护头座高25厘米；板长55厘米，宽38厘米，厚2厘米；两面均用红色或蓝色绘云气纹；架杆高40厘米，底座为正方形厚10厘米，直径25厘米（图6–39、图6–40）。

图6–39

图6–40

（三）护具

护具由护头、护身、护裆、护手、护腿（小腿）组成（图6–41）。

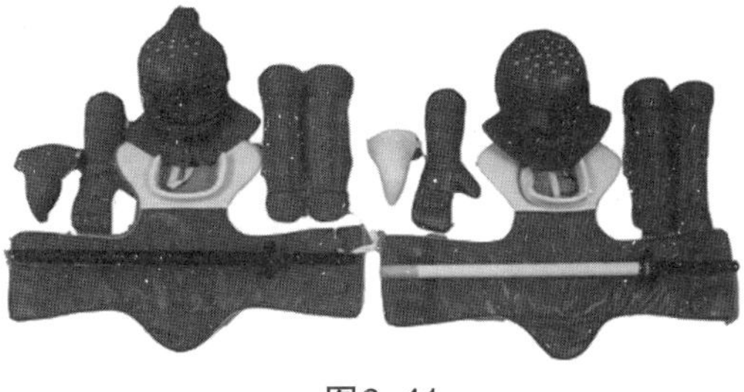

图6–41

运动员装备，用于保护身体关键部位的安全。包括：

（1）护头。以软皮革、海绵等材料制成。有保护头部不受损伤和减轻震荡的作用。

（2）护身。以软皮革、人造革、海绵和帆布等材料制成。保护躯干和抗击减震。

（3）护手。以帆布、硬牛皮条、松紧布等材料制成，保护小臂。

（4）护裆。以合金铝、海绵、软皮革、橡筋等材料制成。用于防护裆部，必须穿入外裤内。

（5）护腿。以帆布、硬牛皮条、松紧布等材料制成，保护小腿胫骨。

（6）整套护具的颜色必须相同，一般为红、蓝两色，以利于裁判员识别队员。

（四）电子评分系统一套

本章思考探索题：

（1）短兵运动比赛中，运动员应注意哪些礼节？

（2）短兵运动比赛中，得分标准有哪些？

（3）短兵运动比赛中，哪些情况下可以暂停比赛？

（4）短兵运动比赛中，如何评定胜负？

（5）短兵运动比赛规则对短兵训练有哪些影响？

参考文献

[1] 马贤达. 中国短兵 [M]. 西安：三秦出版社，2003.

[2] 中国军事史编写组，韦镇福，等. 中国军事史 [M]. 北京：解放军出版社，1983.

[3] 周纬. 中国兵器史稿 [M]. 天津：百花文艺出版社，2006.

[4] 戴小平. 中国短兵 [M]. 武汉：湖北科学技术出版社，2004.

[5] 王华锋. 中国短兵教程 [M]. 北京：北京体育大学出版社，2007.

[6] 国家体委武术研究院. 中国武术史 [M]. 北京：人民体育出版社，1997.

[7] 松田隆智. 中国武术史略 [M]. 吕彦，阎海，译. 成都：四川科学技术出版社，1984.

[8] 中国武术散手编写组. 中国散手 [M]. 北京：人民体育出版社，2007.

[9] 蔡龙云. 武术运动基本训练 [M]. 北京：人民体育出版社，2013.

[10] 全国体育学院教材委员会审定. 全国体育学院专修通用教材：武术 [M]. 北京：人民体育出版社，1991.

[11] 国家体育总局武术运动管理中心. 武术短兵竞赛通用规则（2015年修订版）[EB/OL]. http：//www.sport.gov.cn/wszx/index.html.

后 记

2004年夏天，国家体育总局武术运动管理中心在西安体育学院举办全国首届武术短兵教练员培训班，我有幸参加了这次短兵培训，也是首次接触短兵这个武术项目。作为一个从小习练武术，后来又把武术作为职业和事业的我来说，短兵这个概念对我而言并不陌生，因为武术很多教材和书籍中都有关于短兵概念的阐释。但熟悉的未必是真知的。概念虽然反映事物的本质，但是要准确地把握和理解概念，还是要有一个体悟的渐进过程。今天回眸这次短兵培训，就是我体悟短兵过程的滥觞，或者说是我真正领悟短兵概念的开始。

短兵是武术器械格斗的典范之一，它浓缩了刀、剑等短兵器的技法精华。当时，在培训期间，有幸拜见并聆听了马贤达先生关于短兵发展历程的讲述，更值得欣慰的是，马先生题字并赠予了他出版的《中国短兵》（三秦出版社，2003年）一书。这本书也成为编写本书的重要参考文献。同时领略了陈亚斌教授的短兵技术教学风采。可以说，与短兵的这次偶遇，让我心生爱意，对短兵产生了一种“难舍难分，私定终身”的情愫。

自那个夏天之后，我开始在工作单位开设短兵课程，授课对象均是武术与民族传统体育专业单招的大学本科生。从这些年的短兵教学和训练中，我逐渐感觉到短兵教学过程中急需一本短兵教材，一本融短兵技法技理、战术和教材教法等内容于一体的短兵教材，一本既适用于学生或短兵爱好者自学又能给教师的短兵教学、训练提供参考的教材。于是，我坚守着这颗初心，一直在进行短兵资料的收集、整理，一直在总结、提炼自己的教学、训练的心得体会，一直在思考短兵教材的编写体例，旨在编纂一本融格斗项目共性于短兵个性之中的兼具专业性和业余性使两者均能适用的教材。

本书的面世，是我和周万辉（苏州大学应用技术学院）、汪明华（湖南师范大学）、郭通通（浙江工业职业技术学院）、于明礼（苏州科技大学）等教师和研究生一起努力的成果。他们了解我对短兵的“初心”，遂愿和我一起为弘扬短兵尽力。本书由李龙提出基本框架和写作提纲。其中，第一章、第二章由周万辉撰写；第三章由于明礼撰写；第四章由李龙、汪明华撰写；第五章由李龙、周万辉撰写，郭荣荣撰写第五章第二节初稿；第六章由郭通通撰写；动作示范由周万辉、于明礼和潘璐怡完成；动作拍摄由刘雅负责；后期图片处理由周万辉负责。本书最后由李龙教授负责统稿和修改。

本教程得到国家体育总局武术研究院武术专家委员会委员、中国武术九段、上海体育学院王培锟教授的大力支持并题写序言，还得到苏州大学董刚强、吴松、徐冉、任立杰等大力支持，在此一并致谢！

总之，经过两年的揣摩、研讨与撰写，我们终于完成了这部教材，进而入选2020年江苏省重点教材立项建设名单。其主要特色与创新如下：

一是注重短兵知识体系化和个性化。编写这本教程的指导思想之一就是，兼顾专业性和业余性。因此，书中注重具备完整的短兵知识体系解构，从短兵发展历程、短兵技术、短兵战术、短兵教学、短兵训练到短兵竞赛等内容，均进行了简明扼要的整合创新，在供专业性人士学习使用的同时，照顾了短兵爱好者（非专业人士）的学习使用。因而，本书在编写时，在整体内容框架中，在融合了短兵和格斗项目的个性和共性规律的同时，更注重短兵知识体系化和个性化相结合。

二是注重技术动作细节。本书技术章节在文字描述的基础上，在技术图上对一些短兵步法、运行路线等关键环节都进行了运行轨迹标识，注重细节展示。如步法介绍，为了进一步使自学者容易理解步法的技术要领，添加了足迹图。总之，为了便于自学，本书技术图做到了文字介绍浅显易懂，关键点和难点一目了然，路线图清晰明了，使学习者对技术图一看就明白，一看就能练。

三是优化短兵战术理论框架阐释模式。原有的格斗项目战术理论框架解读多是一个一个战术的介绍，相对于格斗项目的实战而言，这种战术介绍显得零散，且缺乏战术整合及缺乏针对性与系统性。本书从格斗实战出发，以实战中出现的各种情况为引领，进行现有战术知识体系整合，从而优化现有的战术理论阐释框架模式。例如，本书首先将短兵战术打法分为比分领先情况下的战术打法、比分落后情况下的战术打法等类型战术打法；其次，将不同具体战术归纳、整合在不同类型战术打法里面，然后再对具体战术进行解读。这样的战术框架阐释模式，在实践中，更利于学习者理解和运用。

以上是我们对编写教程的缘起和特色介绍。可以说，本教程特色中也融合了我多年在短兵和格斗项目一线教学、训练实践中的心得体会。理想是丰满的，现实是骨感的。尽管我们的想法、立意和出发点是良善的，编写过程中也倾尽了最大的心力，但是呈现出的东西未必就是现实所认可的。我们深知这一点。因此，希望广大同仁怀着指正提高的友善之心，提出宝贵的意见和建议，以便我们及时地修正。在此深表感谢！

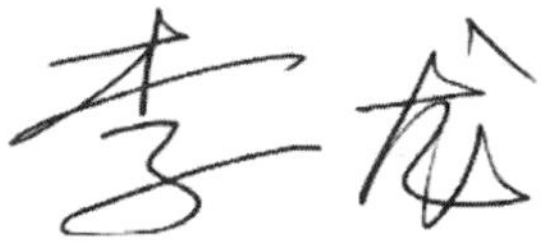

于苏州独墅湖畔

2020年3月20日